福利一元
与城乡融合

WELFARE UNITY AND
URBAN-RURAL INTEGRATION

马光川　著

中国社会科学出版社

图书在版编目（CIP）数据

福利一元与城乡融合／马光川著. —北京：中国社会科学出版社，2022.9
ISBN 978-7-5227-0465-4

Ⅰ.①福… Ⅱ.①马… Ⅲ.①社会福利—城乡一体化—研究—中国 Ⅳ.①D632.1

中国版本图书馆 CIP 数据核字（2022）第 125489 号

出 版 人	赵剑英
责任编辑	党旺旺
责任校对	周　昊
责任印制	王　超

出　　版	中国社会科学出版社
社　　址	北京鼓楼西大街甲 158 号
邮　　编	100720
网　　址	http://www.csspw.cn
发 行 部	010-84083685
门 市 部	010-84029450
经　　销	新华书店及其他书店
印　　刷	北京君升印刷有限公司
装　　订	廊坊市广阳区广增装订厂
版　　次	2022 年 9 月第 1 版
印　　次	2022 年 9 月第 1 次印刷
开　　本	710×1000　1/16
印　　张	12
字　　数	161 千字
定　　价	66.00 元

凡购买中国社会科学出版社图书，如有质量问题请与本社营销中心联系调换
电话：010-84083683
版权所有　侵权必究

目 录

导 论 …………………………………………………………… (1)
  一 研究的缘起与意义 ……………………………………… (1)
    (一) 研究的缘起 ………………………………………… (1)
    (二) 研究的意义 ………………………………………… (5)
  二 主要研究方法与创新之处 ……………………………… (9)
    (一) 主要研究方法 ……………………………………… (9)
    (二) 主要创新之处 ……………………………………… (13)

第一章 文献综述与主要分析视角 …………………………… (16)
  第一节 国内外相关研究综述 ……………………………… (16)
    一 西方学者的经典研究 ………………………………… (17)
    二 国内学者的相关研究 ………………………………… (23)
  第二节 研究视角与个案选取的典型性 …………………… (34)
    一 制度分析的视角 ……………………………………… (34)
    二 个案选取的典型意涵 ………………………………… (37)

第二章 城乡社会福利的制度惯性与型变 …………………… (40)
  第一节 城乡社会福利制度分割的路径依赖 …………… (40)

一　城乡分治的形成与固化 …………………………………（41）
　　二　"籍""权"媾和是城乡制度分割的实质 ……………（45）
第二节　城乡分割社会福利结构的新发展 ………………………（50）
　　一　二元福利制度的路径依赖 …………………………………（50）
　　二　城乡劳动力流动与城乡分割福利制度的型变 ………（53）

第三章　城市蔓延与村落可行能力的增长 ……………………（57）

第一节　城市蔓延与城乡福利制度分割的深化 …………………（57）
　　一　城市蔓延与潍坊城市发展 …………………………………（58）
　　二　城市规划理念定性城市发展格局 …………………………（67）
第二节　案例社区的边界突破与可行能力的增长 ………………（70）
　　一　案例社区向中心城区的位移及其自然边界的
　　　　突破 ……………………………………………………………（71）
　　二　案例社区经济社会的边界突破与可行能力的
　　　　增长 ……………………………………………………………（79）

第四章　城乡福利制度的冲撞、整合实践 ……………………（91）

第一节　案例社区城中村改造与城乡社会
　　　　福利制度的有限整合 ……………………………………（91）
　　一　地权博弈：城中村改造的角力关键 ……………………（92）
　　二　一村一策：城中村改造的"籍""权"博弈
　　　　主策略 …………………………………………………………（101）
第二节　案例社区的村居改制实践与城乡社会福利
　　　　制度的全面冲撞 ……………………………………………（109）
　　一　集体资产改制的奎文模式及其非彻底性 ……………（109）
　　二　城乡社会福利制度整合的奎文经验及其
　　　　权宜过渡 ………………………………………………………（115）

第五章 城乡社会福利一元整合的制度逻辑…………（121）
第一节 城乡社会福利变革的制度背景与多重主体博弈……………………………………（121）
一 城乡社会福利变革的制度背景分析………（122）
二 社会福利一元整合的多重逻辑主体制度博弈………（124）
第二节 组织机构变迁及其福利功能分析……………（130）
一 新建股份经济合作社及其组织效率…………（131）
二 从"二元社区"到"敦睦他者"……………（137）

第六章 结论………………………………………………（141）
一 中国社会福利制度变革、特征内嵌于城乡二元制度的分割、整合路径…………………（141）
二 多重逻辑主体博弈是城乡社会福利制度冲撞、博弈的生成机制…………………………（143）
三 后集体经济时代的新建股份经济合作社面临福利功能发挥最大化难题…………………（146）

结 语……………………………………………………（149）

参考文献………………………………………………………（152）

附 录…………………………………………………………（162）
附录一 中上虞河旧村拆迁安置办法………………（163）
附录二 关于中上虞河社区部分区域的搬迁实施方案……（169）
附录三 中上虞河社区居委会（原中上虞河村）集体资产经营管理体制改革工作实施细则……………（172）

附录四　中上虞河社区居民委员会（原中上虞河村）
　　　　集体资产管理体制改革股东资格界定办法……（182）

后　记……………………………………………………（184）

导　　论

一　研究的缘起与意义

（一）研究的缘起

面对普遍关注的社会福利、日益多元的民生诉求，社会福利整合研究面临着精确定义福利内涵、创新技术分析路线、生成性建构城乡福利整合逻辑与机制的新课题。毫无疑问，这一新课题的破题对社会福利整合理论及其研究方法是十分有益的补充，对当下中国如火如荼的新型城镇化，特别是推进"村改居"的顺利进行，以及实现真正意义上的城乡社会结构的一元整合有着重要的模式借鉴与经验参考价值。

既有的社会福利整合研究主要在两种理路上展开。一是强调社会福利制度的城乡一体化，主要切入点在由农民工及其流动引致的社会保障制度碎片化、由此带来的存续转接问题，以及区域城乡社会福利制度一体化的实践及经验问题两个方面；二是强调福利体系的普遍整合，倡导"底线公平"基础上的"大福利"。前者以郑功成为代表，后者为景天魁所推动。二者都从中国城乡二元社会福利制度分割的现状出发，并能够对中国具体社会福利制度建构进程中的应急性有清醒的认识，都能够较为宏观地把握城乡福利分割制度一元整合的大趋势。但两种研究理路又存在明显的差异和不同，突出表现在研究旨趣、着眼点以及具体的福利关注上。以区域福利制度整合为例，社会福利制度城乡一体化进路旨在研究具体社会保障制度的整合、演进，关注当前形势下相同或相近社会福利制度、项目或服务的协同或全覆盖问题，推崇城乡社会福利一体化的重庆模式、昆山模式、浦东模式，等等。以养老保障为例，上海浦东模式的创造是城（城市）保、镇（原郊区乡镇）保以及综保（关注农民工）的制度衔接。在本质上，社会福利的城乡一体化是"广覆盖"，而不是针对不同地域或差别福利群体的碎片化具体福利制度的更高层次整合。景天魁从小福利迈向大福利的普遍整合的福利体系研究的理论基础是其"底线公平"福利理论，其福利社会学的主要关注点和落脚点是"保基本"，重在强调建构与当前经济社会发展水平相适应的、普惠的、整合的福利制度体系。

郑功成的社会福利制度城乡一体化研究，抑或景天魁制度覆盖与制度整合的福利体系研究，无一不关注到城乡分割背景下的社会福利制度碎片化问题及其整合困境。然而，对照中国城乡二元社会结构的形成、固化，考诸"村改居"进程中的突出矛盾与多元利益诉求，社会福利制度整合研究面临着如何科学把握中国城乡二元社会结构、如何精确定义社会福利的理论难题。中国城乡分割的二元社会结构体系形成、固化于新中国成立之初的前一个 30 年，发展、形变于改革开放之后，并于 21 世纪以来出现了较为明显的一元化趋向。陆学艺把所有制差异看作城乡二元社会结构的基石，认为城市以全民所有制为主，农村以集体所有制为主，并由此引发了城乡之间差别迥异的经济、社会制度体系彼此映照、相互强化，并最终形成了"城乡分治，一国两策"[①] 格局。本不具有社会属性、纯属自然地理空间概念的城乡具有了社会分层的意涵，地理区位差别成

---

① 陆学艺：《走出"城乡分治，一国两策"的困境》，《读书》2000 年第 5 期。

为先与后、优与劣的两种社会身份差异,"职业差别与地理差别重叠""阶层差别与地理差别重叠""收入差别与地理差别重叠"以及"生活方式差别与地理差别相互强化"①,整个社会似乎按照地理差别、按照城与乡的地理边界隔离了开来。城与乡的差别,表征的是截然不同的两种社会治理模式,是依托户籍制度形成的就业、医疗、教育、住房、计划生育、粮食副食供给等全方位权益差异的社会身份,其本质上是"籍"(户籍制度)与"权"(社会权)的整合,自形成之初就极大地削弱、制约了乡村居民的可行能力②,成为中国最为基础的社会分层基准,远远超越了自然景观与生产生活方式本身的不同与差异。

城乡二元结构是一种刚性的社会结构,自形成之初就在治理模式、资源配置以及人的行为选择上发挥了极其重要的制度阀效应,全面制约与控制着城乡居民,特别是乡村居民的可行能力。随着中国城乡经济社会体制改革的加速,中国社会结构出现了某种令社会学家们欣喜地称之为"新型二元结构"③ 或"三元结构"④ 的形变。尽管这种形变在彻底打破中国二元结构的封闭与固化的作用还相当有限⑤,但其在社会流动、社会保障制度覆盖,特别是经济层面的可行能力增长方面的推动作用明显。考诸城乡二元结构整合对乡村及乡村居民的整体权益增长、"村改居"进程中的利益多元诉求,

---

① 陆学艺、王春光、张其仔:《社会主义道路与中国农村现代化》,江西人民出版社1994年版。
② [印] 阿马蒂亚斯·森:《以自由看待发展》,任赜、于真译,中国人民大学出版社2012年版。在森看来,可行能力是人的自由发展的评价体系,而可行能力可以通过公共政策得以扩大。
③ 孙立平:《城乡之间的"新二元结构"与农民工流动》,载 李培林:《农民工:中国进城农民工的经济社会分析》,社会科学文献出版社2003年版,第149—160页。
④ 李强:《农民工与中国社会分层》,社会科学文献出版社2004年版,第387页。
⑤ Whyte, Martin. ed., 2010. One Country, Two Societies: Rural-Urban Inequality in Contemporary China. Cambridge, MA: Harvard University Press, p. 14.

本文是在更宽泛的、更一般意义上定义社会福利概念的。在笔者看来，社会福利是指有利于提高社会生活共同体及其成员可行能力的项目、服务、待遇、制度或理念，其实质是可行能力的增长。"籍"与"权"媾和、城乡分割是二元结构下中国社会福利的突出特征。

如火如荼的"村改居"在对社会福利整合研究宏大叙事技术分析传统提出挑战的同时，又为生成性建构社会福利的一元整合模式提供了一个恰当的时机。本书跳出了中国社会福利宏观、政策研究的传统范式，另辟蹊径，通过"村改居"实例透视、刻画中国社会二元结构背景下城乡福利制度的分割惯性、路径依赖与一元整合的努力与演进逻辑。

"村改居"，特指中国城镇化背景下基层社会治理体制从村民委员会到城市居民委员会的制度转变。基于中国既有城乡分割的二元制度背景，"村改居"远不限于治理模式的简单转换，而是一个涉及所有制属性、产权归属、社会保障以及教育、医疗、基础设施等公共服务等多领域、多层次制度博弈、整合的制度全面更新。"村改居"深嵌于城乡二元分割制度体系之中，浓缩了中国城乡结构变迁的所有特质，集中刻画着城乡分割到城乡整合进程中多元化的民生诉求及其多重逻辑主体的制度博弈。毋庸讳言，"村改居"已经成为中国城乡结构矛盾的集散地，城乡制度一元整合的试验田。随着迈过纳瑟姆（Northam，Ray M.）城镇化率"S"形曲线的第二个拐点[①]，中国城镇化进入了城乡融合发展阶段。但囿于长期城乡分割的制度惯性，大规模城市蔓延带来的"城特质"增加、"乡特质"弱化并未引致城乡分割社会福利制度体系的自然整合，而利益

---

① Northam, Ray. M. 1975. *Uban Geography*. New York：J. Wiley Sons, pp. 65 – 67。依据该城市率曲线，一国城市化率在超过30%之后进入一个快速增长期。其中超过50%之后，城乡之间的融合趋向将变得更加明显。

诉求多元化反而有使之进一步复杂化的倾向。2012年，山东省"村改居"社区占城市社区的比重超过51%，但其中52%未能落实同城同待遇，69%甚至未能完成集体资产改制。

案例社区潍坊市奎文区广文街道中上虞河社区，新中国成立之初还是一个建成面积不足5平方千米老旧县城的远郊村，随着城镇化的加速，城市区域迅速蔓延，中上虞河村由远郊村到近郊村，又由近郊村到城中村并最终完成了村居改制。笔者注意到，案例村"村改居"进程是一个村落边界逐步开放的进程，在本质上也是村落及其居民可行能力增长的进程。伴随自然边界变化的是就业方式、生产方式的变化；与经济边界突破相关联的是村落集体经济资产的迅速积累；村落的社会边界大大突破，城乡间的通婚早已不是一个引人关注的话题；已经位移到中心城区的案例村在娱乐或消费层面上早已是明显的城特征，乡物理特征消失殆尽。然而，"城特质"的增加、"乡特质"的消逝并未改变"村改居"进程中社会福利制度急剧冲撞与全面整合的事实，广泛涉及所有制与房屋产权的、资产与经营体制变革的、社会保障与公共服务的。案例村及其所代表的"村改居"奎文模式为我们提供了一个近距离触摸、考究中国社会福利制度由分割到整合的鲜活案例。

（二）研究的意义

改革开放以来，中国经济发展取得了举世瞩目的成就，"中国已经超越了起飞阶段，进入新成长阶段"[1]。然而，我们注意到，当前经济建设取得显著成就，经济结构不断优化升级的同时，社会结构调整较为滞后，社会问题与社会矛盾凸现。这其中，城乡社会福利制度分割尤为引人关注。二元制度是城乡之间人为设置的一种控

---

[1] 李培林：《城市化与中国新成长阶段》，载《当代中国城市化及其影响》，社会科学文献出版社2013年版，第1页。

制阀,有着明显的社会维持、利益调节和行为选择效应,而制度一旦形成往往就具有了某种程度的惰性或稳定性,被新制度主义经济学家道格拉斯·诺斯(Douglass North)称为"路径依赖"——变革不是轻易实现的。城乡二元分割的社会福利制度体系跟中国城乡二元的社会结构密不可分,而这个封闭的、僵化运行的制度体系的破除需要一种强力的推动机制。

城镇化正是这样的一种机制,并在事实上已经成为推动中国经济社会发展的重要驱动之一。城镇化加强了城乡之间的互动与联系,并在客观上有助于弥合中国城乡已经断裂的结构。在经济学家主斯蒂格利茨看来,中国的城镇化将成为21世纪影响世界进程和改变世界面貌的两件大事之一。城市化被誉为"增长的发动机""劳动内需的重要增长点"和"继工业化之后国家发展的巨大引擎"[①],然而,中国的城镇化有其自身独特的演进逻辑与路径依赖,既区别于先行城市化国家的路径,又与拉美国家的城市化模式有着显著的不同。回溯中国城乡结构、城乡关系的历史与互动,审视当前中国城乡制度的冲撞与整合,客观上有助于我们发现中国社会社会福利结构变动背后的逻辑,从而有助于中国城乡社会福利制度建构的全面和谐演进。

本研究的理论意义是,通过"村改居"实例剖析城乡福利制度的分割、整合,生成性建构中国城乡社会福利制度演进的逻辑与机制,对有序推进中国社会福利制度一元整合,全面推进中国城乡社会结构转型具有重要的理论意义。城乡分割是当前中国社会的最突出特征,构成中国城乡社会福利制度冲撞、整合的全部理解与说明。我们知道,社会福利制度一体化与社会福利制度的普遍整合是当前两大最具特色,也最有成就的社会福利研究进路,前者以郑功

---

① 李培林:《城市化与中国新成长阶段》,载《当代中国城市化及其影响》,社会科学文献出版社2013年版,第2页。

成为代表，后者以景天魁为主导。郑功成等注意到了农民工及其流动对中国城乡分割的社会福利制度带来的冲击及存续转接带来的困难，并留意到了区域城乡福利制度一体化的努力，指出中国社会福利演进的趋势与未来在城乡福利制度一体化。但我们注意到，这里所谓的"一体化"，更多指涉的是城乡社会福利制度全覆盖，而不是城乡社会福利制度高层次、高水平的融合。景天魁首倡的"大福利"是最近社会福利领域的热词，但按照景天魁本人的解释，大福利的实质在于倡导"底线公平"的福利制度体系，由此而言，其普遍整合的福利体系的前提在"广覆盖"，落脚点在"保基本"，原则在"底线公平"。而本书把可行能力的增长视作社会福利的本质，极大地拓展了社会福利的内容与范畴，也可以在更加务实、更加感性的层面上解读中国城乡变迁进程中社会福利的变迁。

本研究跳出了农民工现象引致的中国社会福利制度碎片化以及区域社会福利制度一体化的城乡福利制度的整合研究范式，另辟蹊径，以"村改居"为例，通过案例社区的村居变迁透视、刻画中国社会二元结构背景下城乡福利制度的分割惯性、路径依赖与一元整合的努力与演进逻辑。笔者视村居变迁为城乡全面转型过程，是新型城镇化背景下的中国村落研究传统的继承；本研究关注村居变迁进程中城乡福利制度分割的深化与隐性化，是新制度学派研究链条的自然延伸与有效拓展；研究借鉴西方先行城市化国家经验，尝试构建中国城乡一元整合的进程图式，是城乡社会学、新制度经济学、公共管理学、社会保障等多学科理论、方法在这一转化进程中的大胆尝试。本研究将有助于破解中国城乡整合难题，有助于中国社会结构的顺利转型，并将进一步丰富中国城镇化理论，并进而促进中国城乡关系的全面现代化。

本研究认为，城乡福利制度的变革演进应置于中国现代化总体框架之内，体现的是一种城乡关系全面转型的努力。通过长时段城乡社会福利制度特别是城乡变迁进程中福利制度的变迁演进及典型个案的考察，可以较为完整地展示中国城乡社会福利制度结构由刚性制度分割，到由表及里的制度冲撞及一元整合趋向的全貌与较为清晰的演进路径，从而进一步彰显制度之于中国城乡社会福利制度关系演进、之于中国城乡社会结构变革无可替代的制度阀地位与作用机制，以期更为条理地证明，摒除旧有的城乡社会福利分割的制度、政策，尤其是城乡二元社会福利分割的制度观念与惯习，以城乡一元观为统领，在更高、更深理念层次进行制度设计与制度整合，从而为破解当前城乡社会福利二元结构困局，促进建立更加公平、合理、普惠、整合的社会福利支付体系，为促社会和谐与社会全面现代化奠定基础。

现实意义是，通过案例社区的"村改居"实践，本研究客观刻画了城乡分割社会福利制度的冲撞、博弈，为城乡社会福利一元整合提供了一种理想模型和成功的样板，为中国城乡社会福利制度的真正融合提供了模式借鉴与经验参考。本研究以城乡一元为视角，以村居变迁为切入点，以典型个案为分析对象，以城乡社会福利制度分割、整合的变迁演进为逻辑线索，以解剖麻雀的方式全面展示中国城乡关系特质、样态、演进逻辑与路径依赖，分析探讨城乡社会福利制度分割的背景、惯性及其深化与隐性化倾向。本研究采用新制度主义的分析范式与研究框架，借鉴其组织效率透视组织生命力的方法，从竞争约束和交易成本约束两方面剖析后认为，股份经济合作社还远不是一个有效率的经济组织形式，农村社区集体资产改制与撤村改居还远不是城乡制度一元整合的完结。

近年来，山东省在城乡一体化、城乡公共服务均等化等方面做了大量有益的探索，取得了不错的实践效果。鲁中潍坊在"村改居"资产改制与社区化规范建设方面取得了十分突出的成绩，全国、全省的集体资产改制经验现场会多次在潍坊召开，其农村集体资产改制经验已经被确定为"奎文模式",成为当前中国村居变迁制度机制转换的成功范例。新中国成立以来,潍坊市中上虞河社区由远郊村到近郊村、近郊村到"城中村"并于近年完成了村居改制工作,其自然景观、地理区位、经济生产、从业结构乃至行政的、文化的边界都发生了深刻的变迁,城乡制度急剧冲撞并开始新的整合。笔者尝试一种多维度、广视角、多元化的方式,通过案例社区一个较长时段内的村居变迁实践,生成性地建构了中国城乡社会福利变迁背后的制度因素与演进逻辑。在笔者看来,坚持城乡关系的制度分析是解构中国城乡社会福利制度体系独特演进路径的关键,是理解中国城乡社会福利制度分割、固化、冲撞、整合的全部依据与关键。全面理解并科学把握城乡社会福利制度由分割到整合的理论与实践进路,也就抓住了中国城乡结构变迁的主脉络。

二 主要研究方法与创新之处

(一) 主要研究方法

个案研究(case-study method)是本研究最主要的研究方法。20世纪20—30年代,美国芝加哥学派大量使用个案研究法研究城市移民与工业化,创造了许多丰富、鲜活的个案,成就了不少社会学研究的经典。现今,在具体的社会互动中透视社会结构同样已经成为中国社会学的传统研究范式,费孝通的《江村经济》、林耀华的《金翼》、庄孔韶的《银翅》、阎云翔的《礼物的流动》莫不是"以其升入的'点'状剖析展现中国村落的基本面貌。……深入地探讨村庄内部结构因素和形态特征,从而更好地理解农村乃至整个中国社会"[①] 的典范。

[①] 林聚任、解玉喜、杨善民等:《一个北方村落的百年变迁》,社会科学文献出版社2013年版,第11页。

笔者尝试一种个案研究与制度分析的视角整合。中国社会学界曾有"结构—制度分析"抑或"过程—事件分析"研究范式之争。显见的是，"结构—制度分析"与"过程—事件分析"表征的是两种研究模式，是研究范式上的分野。但从已有的社会学研究成果及其研究过程来看，包括张静教授与孙立平教授在内的几乎所有社会学者在具体研究当中都不会刻意回避某种特定的范式。更准确地说，两种社会学的研究范式只是中国社会学者研究理路的两种理想类型。

本研究的主要分析理路是：由中国城乡社会福利分割的制度背景入手，实例剖析村落及其居民可行能力拓展、城乡社会福利冲撞及其多重逻辑主体博弈，发现其社会福利一元演进的逻辑与机制，为推进中国城乡社会福利一元化提供模式参考。由宏观切入—经由"村改居"微观实例—最终回到宏观的城乡社会福利演进逻辑与机制，是研究展开的逻辑主线。笔者以案例社区长时段的村居变迁考察、透视中国城乡社会福利二元分割的形成、固化，特别是 20 世纪 80 年代以来村落的自然、经济、社会、文化边界不断突破，村落及其村民可行能力不断拓展的进程，剖析中国城乡社会福利"籍""权"媾和的实质，并通过案例社区集体资产改制、撤村并居等村居改制，生成性刻画村居变迁进程中城乡社会福利制度由分割到整合的制度冲撞、博弈与整合的逻辑与机制。

中上虞河社区的"村改居"实践为管窥城乡福利制度的冲撞、整合提供了一个适切的案例。新中国成立之初，中上虞河社区位于潍县城东 3 千米处，村西马家桥是虞河以东通往县城、潍县大集的交通要道，每逢集日车水马龙、行人不绝。比起乡村僻壤偏远地区来说，中上虞河社区有交通、区位上的优势，社会生活中隐含着城市文化的色彩，联姻、办事、商业交流亦有较传统乡村更多的便捷之处，并较早唤起了中上虞河社区居民的经商意识。改革开放之后，中上虞河社区兴办了几家效益不错的村办企业，还开设了一家资质不错的酒店。随着潍坊城市区域的蔓延，中上虞河社区逐步由远郊村变近郊村，并由近郊村变城中村，也逐步由富地村变少地村，由少地村变无地村。其生产方式亦随之由以务农为主逐步向以工、商为主转变。中上虞河社区不断向中心城区的位移进程是土地减少的进程，同时也是土地增值的进程，而土地收益直接或间接地推动的案例中上虞河社区集体经济的发展与集体收益的积累，并最终发展成为有相当规模与影响的集团公司，提供了大量的就业岗位。自然边界突破的同时，经济边界同样实现了大突破。

2004年潍坊市开启"城中村"改造，中上虞河社区有幸成为中心城区"城中村"改造试点村，并最终于2010年完成撤村改居工作，最终实现了村居治理的模式转型。改革开放以来，特别是随着中上虞河社区不断向中心城区的位移，村落耕地被征用，原有的广袤原野逐步被国家机关、事业单位和现代化都市社区所取代，虞河、张面河改造，便民超市的兴建，村落自然界限已经完全打破。以耕作为主要生产方式的经济让位于规模庞大的集体经济，销售的链条延展到欧美大陆。村落边界的突破进程同时也是村落及其居民可行能力拓展的进程。然而，可行能力的拓展又是十分有限的，发挥重要"制度阀"效应的是城乡二元分割的社会福利制度。"村改居"浓缩了城乡二元社会福利制度体系的全面冲撞，诸如土地所有制及土地收益、集体资产改制与撤村改居、公共服务与社会保障等。"村改居"是"籍""权"媾和的破除抑或是"籍""权"媾和的更新？通过案例村、"村改居"的奎文模式，我们发现了一种政府主导的、一村一策灵活策略下的多重制度主体博弈，也发现了后集体经济时代的股份经济合作社福利最大化难题。

城乡结构变迁一直是笔者的研究兴趣，社会发展与社会福利是笔者的主要研究方向。笔者对案例村系统资料的收集始于2013年暑期之末，首先走进社区。得益于奎文区政府、奎文区广文街道的大力支持，笔者多次组织不同层次、不同范围座谈会，明晰了奎文区、案例社区"村改居"的工作方案、实施步骤与制度演进。尝试站在一个较案例社区更高的平台上、更宽泛的视野内剖析案例社区"村改居"的问题、矛盾与困惑。此后，笔者又先后走访了奎文区民政局、农经委等"村改居"直接参与部门，与部分负责同志及参与工作人员进行了座谈，取得了大量的一手资料。

本研究以可行能力为切入点的城乡社会福利制度整合研究的顺利进行，得益于资料收集的丰富、全面，得益于奎文区、广文街道办事处和中上虞河社区的多方支持与配合。这其中包括从史志办拿到的《潍坊市志》（1995）、《潍城区志》（1993）、《潍坊人居环境志》（2014）、《潍坊年鉴》（2014），从潍坊市统计局拿到的《潍坊统计年鉴》（2011—2013），从奎文区政府拿到的已经编撰成册的《奎文区"村改居"社区规范化建设材料（资产改制）》和《奎文区"村改居"社区规范化建设材料（撤村改居）》等。得益于广文街道办事处和中上虞河社区的大力配合，笔者获取了大量的"村改居"制度变迁的过程性资料。查阅到了《中上虞河社区集体经济年报表》（历年）、《中上虞河社区河旧村拆迁安置办法》（中虞委发〔2004〕第5号）、《关于中上虞河社区部分区域的搬迁实施方案》（中虞委发〔2005〕第1号）、《广文街道中上虞河社区居委会（原中上虞河村）集体资产经营管理体制改革工作方案》（中虞委发〔2010〕第13号）、《中上虞河社区居民委员会（原中上虞河村）集体资产管理体制改革股东资格界定办法》（中虞委发〔2010〕第15号）、《潍坊市奎文区中上虞河社区股份经济合作社章程》等文件资料，其中还有大量的电子资料。中上虞河社区档案室还提供了"村改居"的大量操作性、过程性材料，如村两委的会议纪要、党员会议的会议纪要、各种公告，以及明白纸、入户登记表、入户征求意见表、工作照片等珍贵资料。

基于位置上的便利,笔者可以方便地进入社区,或骑行或步行于中上虞河社区之内或社区周边,对虞景嘉园社区周边的地理、人文环境及其历史变迁、边界沿革做了大量的实地调查;先后多次同原村委会主任、现中上虞河社区股份经济合作社副董事长韩先生,董事会刘女士、监事会成员王先生,网格管理员马女士、档案管理员马先生,与中上虞河村村志编写者马先生进行比较长时间的座谈,在收集大量有形、规范性材料之外,感性素材也大有收获。这为案例社区"村改居"的制度分析提供了许多有益且必要的补充。

(二) 主要创新之处

本研究的主要创新点有:

第一,对福利概念的创新。本研究把社会福利界定为一切有助于人的可行能力增长的项目、待遇、服务、制度或理念,视可行能力的增长为福利的本质,既是对福利社会学研究领域及其研究内容的有益拓展,又是对当下民生诉求多元化的一个理论回应。

笔者认为,中国社会福利制度碎片化样态、应急性建构的本质在城乡二元的社会结构之中,二元社会结构即城乡二元社会福利结构。明确的一点是,国内外城乡关系、城乡结构的既有研究注意到了"二战"之后新型民族独立国家在特定发展阶段出现的明显城乡不平等这一结构性问题,认识到个中原因不仅在于诸如劳动力市场等单一因素,而更多的是发展策略、经济社会制度使然。就中国而言,城乡福利二元分割从根本上制约着村落及其居民的可行能力,其实质是"籍""权"媾和。近年来的相关研究更是直接表明,力图脱离中国二元社会制度体系变革的有关城乡平等、福利以及农民工等特殊问题的任何探讨都是无益的,也是没有出路的。

第二,使用"制度阀"新概念,概括、表征并进一步凸显城乡二元制度在社会秩序维持、利益资源分配以及社会行为选择等方面的关键作用机制。在村落边界不断突破，村落及其居民可行能力提升的同时，城乡分割福利制度的桎梏作用日益突出，"制度阀"效应机制凸显。

案例村在由远郊村到近郊村、由近郊村到"城中村"及其撤村改居进程中，由一个富地村逐渐演变成了无地村，村落周边的广袤原野与绵延的河流被高楼大厦和城区单位、街居替代，村民较为单一的生产生活方式逐渐让渡给多样的、快节奏的城市生活，生机勃勃村办企业的销售网络遍布欧美大陆。土地升值、房价上涨，位移到中心城区的案例社区引来了金凤凰，在这里传统的村落意象早已消逝。然而，村落边界的突破非但未能根本改变城乡社会福利二元分割的状况，反而让中心城区的"城中村"在整体体制上显得极为另类，二元社会福利结构的制度阀效应更为凸显。在逐步退缩的围墙之内，案例村无论在土地制度、住房制度、社会保障制度还是教育、医疗、计划生育、道路建设等公共领域都存在着巨大的政策差异，而这也引致了城乡二元社会福利制度的一元化问题。"村改居"，无疑正在见证着中国城乡社会福利制度的全面冲撞与一元演进，彰显着城乡社会福利分割的"制度阀"效应。

第三，生成性建构了城乡社会福利一元整合的进程与机制。研究从建构主义者那里采借了"冲撞"一词，用以生成性建构城乡福利制度由分割到整合的多重逻辑主体博弈，并对这一进程做了辩证性刻画。

首先，"村改居"表征的是城镇化背景下城乡二元社会福利制度体系的急剧冲撞与整合努力。"冲撞"是一个从建构主义者那里拿来的概念，皮克林视之为物质力量与非物质力量在科学实践中瞬时突现的一种速记。本研究则用以刻画"村改居"进程中制度逻辑主体之间、新旧制度之间的博弈与挣扎。笔者认为，城乡社会福利制度的分割、整合表征的是中国城乡制度由分割到一元整合的努力，尽管就目前的整合程度而言还是有限的、不完整的。城乡社会福利制度结构转型与城乡二元结构整体的整合还有待于寻求深入的制度突破，以实现实质性的转变与融合。

其次，在笔者看来，"村改居"进程中集体资产改制是涉及城乡社会福利制度整合的一个十分关键的问题。就目前的管理、运行机制而言，改制后的股份经济合作社还远不是一个有效率的经济组织，未来还将面对现代化难题。综观城乡变迁与"村改居"研究，虽不乏城乡结构、基层治理制度等领域理论与实践成果，但多囿于既有的制度安排、组织系统的功能分析。或聚焦于"村改居"治理体制机制的理顺，或集中于集体资产改制的模式及后续经营，重进程描述而轻效率分析。本研究从城乡结构入手，关注当前形势下城乡关系的现代演进问题。研究并不局限于有成文的或不成文规范的历史演进或简单的功能说明。股份经济合作社具有一种明显的自我强化机制，是一种锁定结构。本研究借用新制度主义创始人诺斯提供的"简单静态模型"，运用该模型竞争约束与交易成本约束两大重要机制对改居社区的组织机构作了简明的绩效分析。结果显示，集体资产改制后新成立的股份经济合作社还远不是一个有效率的经济组织形式，村改居社区的后集体资产时代面临着新的福利功能最大化难题。

第一章

文献综述与主要分析视角

中国城乡社会福利制度分割、冲撞、整合的进程与作用机制内嵌于中国城乡二元结构体系的形成、固化、发展与形变之中，是中国社会结构转型中的特有现象。城乡结构及其变迁研究是中国主流社会学的传统，自社会学本土化以来一直受到持续的关注。20世纪八九十年代，中国学者采借了发展经济学"二元结构"概念与分析理路，进而指出中国最为突出的结构问题是二元社会结构问题，户籍、教育、医疗、就业等制度互为补充并不断自我强化，形成并固化了中国二元经济社会结构，城乡社会差别与地理差别高度重合，城与乡呈明显的"断裂"特征，且是通过个体的努力难以弥合的。

第一节 国内外相关研究综述

中国城乡二元福利制度深嵌于城乡二元社会结构之中，城乡二元福利制度的大规模冲撞、博弈与一元演进同步于中国城乡社会结构的转型。随着城镇化、城乡社会结构转型加速，中国城乡福利制度二元分割及其制度阀效应问题越来越成为社会各界关注的焦点。但囿于不同的学科视角与研究习惯，中国社会福利制度结构转型研究更多仍限于宏观的政策、制度分析。研究多置中国社会结构转型，特别是计划体制向市场体制转型为福利制度演进的制度背景，更多时候社会结构只是提供了一种无须明言的背景或者是变革的前提；考虑到中国社会现代化的独特属性，特别是西方先行城市化国家城乡结构转换的制度背景与中国存在明显差异，国外学术界迄今仍缺乏对中国社会福利制度实践的感性认识基础，其研究更多尚停留于"东亚模式"或"社会主义中国模式"的社会福利类型学关注上。我们需要在更加宽泛的领域、视野当中寻求学术的支持。马克思主义经典作家的"城乡融合"理论[1]、城市规划学派的"城乡成婚理论"[2]、发展经济学的"二元结构理论"[3]等先贤达儒的真知灼见为研究提供了广泛的助益。

一 西方学者的经典研究

（一）乡村—城市"融合"论

马克思主义经典作家们是从整个人类社会发展的历史来分析城乡关系及其演进的。马克思、恩格斯认为，社会分工是理解城乡关系的基石，工业化与现代化是造成现代城乡对立的根源，城乡关系在经历了城乡分离、城乡对立之后最终将会实现城乡融合。在他们看来，共产主义是可以最终消灭城乡差别的社会形态，在那里可以达到"城乡融合"。

英国学者埃比尼泽·霍华德（Ebenezer Howard）用"磁铁"和"磁针"来指称城市、乡村与社会中的个人，并寓意城乡对社会成员的引力。城市磁铁与乡村磁铁各具优势，而又各有缺点，相互阻

---

[1] 马克思、恩格斯：《马克思恩格斯选集》（第1卷），人民出版社1972年版。
[2] 埃比尼泽·霍华德：《明日的田园城市》，金经元译，商务印书馆2000年版。
[3] Lewis, W. A., *Economic Development with Unlimited Supplies of Labor.* Manchester School Studies (42). 1954. (2).

隔而又相依而存,"城市磁铁和乡村磁铁都不能全面反映大自然的用心和意图……两块磁铁必须合二为一。……城市和乡村必须成婚,这种愉快的结合将迸发出新的希望,新的生活,新的文明"①。"城市—乡村"磁铁大致相当于当下中国的"城乡接合部"社区。在他看来,"城市—乡村"磁铁"享有与拥挤的城市相等的甚至更多的社交机会,而且可使那里的居民身处大自然的美景之中……如何能扩大自由的范围,并使愉快的人们享有通力协作的最佳成果"②。应当指出,霍华德较为清楚地描述了城乡之间的差别与对立,一端是工资、社交机会与资源配置的优势与"城市病"并存的城市;另一端是亲近自然却又发展困顿的乡村。一度流行欧美的田园城市运动深受霍华德"城乡成婚论"理论的影响,其实质就是以城乡融合的新社会结构形态取代旧的城乡分离的社会结构形态。

　　加拿大学者麦基③(T. G. McGee)提出的Desakota概念与霍华德的"城市田园"颇有相近之处。"Desakota"是麦基根据印尼语构建的一个复合词,"desa"与"kota"在印尼语中分别指称"乡村"与"城市",麦基用它来指称一种农业活动与非农业活动并存,城乡特色兼备的地域组织类型,其空间布局、职能结构等诸多方面与霍华德的"城市—乡村磁铁"颇似。1987年,麦基在研究亚洲某些发展中国家和地区空间与经济转变时,开始注意到这样一种新经济交互作用区域的出现,类似于西方的大都市区和大都市带的新空间结构,但其形成机制与传统的城镇化不同:乡村与城市的

---

① [英]埃比尼泽·霍华德:《明日的田园城市》,金经元译,商务印书馆2000年版,作者序言第8—9页。
② [英]埃比尼泽·霍华德:《明日的田园城市》,金经元译,商务印书馆2000年版,作者序言第9—10页。
③ Mc Gee, T. 1991. The emergence of desakota regions in Asia: Expanding a hypothesis. In Ginsburg, N., Koppel, B., and Mc Gee, T. G. (Eds.) *The extended metropolis: Settlement transition in Asia*. Honolulu: University of Hawaii. pp . 3 – 25.

边界交融、经济联系密切、社会组织交叉，区域内是城与乡高强度、高频率的互动。Desakota 淡化了的城乡差别，使得城市与乡村的概念变得模糊，它力图走出城市与乡村这对封闭的概念空间，打破城乡二分的思维传统与局限，从而为城乡空间形态的演进研究提供新的思路，为城乡关系发展的未来模式提供了一种模式借鉴。

（二）发展经济学的二元化视角

二元经济结构模型是发展经济学透视城乡结构本质、特性及其制度后果的学术利器。其实，早在 18 世纪英国著名经济学家亚当·斯密（Adam Smith）在其巨著——有西方经济学"圣经"之誉的《国民财富的性质和原因的研究》（《国富论》）一书中就曾探讨了工业与农业吸纳劳动问题，认为造成二者吸纳能力差异的根源在于工农业采用的不同制度。这可能是经济二元论最初的思想萌芽了。而最早提出并直接使用"二元结构"这一专门术语的则是荷兰著名经济学家伯克（J. H. Boeke）。在 1953 年出版的《二元社会的经济学和经济政策》一书中，伯克研究了 19 世纪荷兰属地印度尼西亚的经济社会状况，他注意到，当时的印度尼西亚存在着在社会文化与经济制度上皆存在着巨大差异的传统和现代两个经济部门，两者之间有着迥异的资源配置方式、个人效用函数。

阿瑟·刘易斯（W. A. Lewis）是二元结构理论的集大成者，他让"二元结构"理论家喻户晓并使之成为一种发展中国家经济社会分析的经典与传统，时至今日仍具有无可辩驳的影响力。在 1954 年《在劳动力无限供给下的经济增长》及之后 1955 年出版的《经济增长理论》两本著作中，刘易斯建构了发展经济学第一个经济模型——二元经济的经典分析模型。该模型认为，发展中国家的经济部门可以划分为传统农业和现代工业两大经济部门，两大经济部门之间在土地、劳动要素和资本等方面都存在着不对称，发展中国家经济发展进程即为经济结构的转换过程。在这一进程中，传统农业部门产值比重下降、现代工业部门产值比重上升。刘易斯模型认为，工业部门劳动力的边际生产率明显高于传统农业部门，传统农业部门的劳动力将会源源不断地自发地向现代农业部门转移，进而推动两大经济部门的结构转换，直到农业部门剩余劳动力被完全消化、吸收，工农之间的工资趋于一致、城乡差别逐步消失[1]。刘易斯模型在其后继者费景汉（John C. H. Fei）、拉尼斯（G. Rains）那里得以修正、发展，从而形成了更具解释力的"刘—拉—费"模型。该模型更强调平衡增长路径，认为农业部门不仅为工业部门提供劳动力，还提供必要的劳动剩余，城市工业部门不存在失业，只要劳动生产率大于零时，劳动力的转移就会发生。后来的托达罗（Todaro, M. P.）则把城市失业因素纳入到了自己的分析模型，强调应放缓人口转移速度以减轻城市就业压力，并视农村经济发展、农民收入提高为解决城市失业、农村发展滞后的根本途径。

经济学界较早就关注到了发展中国家的经济二元性问题，并开展了卓有成效的探索与研究工作，有着相对成熟的理论和丰富的实践，无论是斯密的古典经济学抑或是以刘易斯为代表的发展经济学都为城乡二元结构的研究奠定了理论基础，具有一定的普适性意义，并产生了极强的经济社会影响。作为发展中国家，中国经济社会无疑具有二元结构特性，经典的二元结构理论都具有方法论上的意义，且不说在特定的时期、特定阶段上与他们的论说有暗合之处。更为重要的是，二元结构分析为我们分析发展中国家的经济社会发展提供了一种非常有益的、卓有成效的研究视角。然而，中国城乡二元结构的本质属性是"籍""权"媾和，而非纯粹市场机制决定的，因此，无论是刘易斯劳动力无限供给模式，还是托达罗的

---

[1] Lewis, W. A., *Economic Development with Unlimited Supplies of Labor*. Manchester School Studies (42), 1954. (2).

均衡发展模型在这里都只能是一种解释的理想类型而不是全部。

(三) 马丁·怀特的中国问题研究

马丁·怀特是哈佛大学社会学教授、以研究当代中国问题而著称。他梳理了自中国封建制度破灭以来的中国历史,指出尽管中国经济在很长一段时间内依然以农业为主,80%以上的人口是农业劳动者,但历朝历代鲜有限制人口地理迁移或社会迁移的法律或正式制度。贫穷的乡民可以走出村庄到城市或偏远之地寻求命运的改变,有人甚至会选择移民海外。户籍制度在中国历史上存在好多个世纪,其职能主要是记录人们的生活之地而不是限制人们的流动。在马丁·怀特看来,1958 年《户籍制度管理条例》的出台是中国城乡二元制度分割全面实现的标志:农村完全成了城市工业的原材料基地或者是提供了为购买工业急需技术资金赚取外汇的原材料,这一制度明显具有强烈的城市优先政策取向。

马丁·怀特高度评价 1978 年以来的改革,认为解散大集体与放松迁移管制影响最为深远,农民借此获得了农业经营自主权、自由时间支配权和迁徙的自由。它改变了中国城乡经济和社会生活的诸多方面,改变了中国城乡关系的本质。马丁·怀特同时注意到,尽管农民获得了更多的迁徙自由,越来越多的农村居民在城市就业、居住、生活,但囿于城市户籍管理依然严格,城市农民工的就业、生活条件并未发生明显的好转,他们多从事建筑、家政、街角商业等非正规就业领域,工作具有"三 D"(dirty, difficulty, and dangerous)特性——"脏""难""险"[1]。马丁·怀特认为,在市场改革时代,由乡到城的流动限制更多只停留在经济和逻辑的层面。农民工的社会流动依然未能超出农民群体流动的范畴。目前来

---

[1] Whyte, Martin. ed., 2010. *One Country, Two Societies: Rural-Urban Inequality in Contemporary China.* Cambridge, MA: Harvard University Press, p. 14.

看，农民工仍只能算作农民全体的亚群体。笔者赞同马丁·怀特的观点，农民工作为中国城乡二元社会结构转型过程中出现的一种亟须解决的制度"夹生饭"，可以作为分析的典型或是特例，但无论如何，都不应当脱离中国城乡结构的整体就农民工问题讨论农民工问题并试图在这一路径上根本解决农民工问题。也正是在这个意义上，本书认为，为农民工社会保障单独立法的一切主张都是目光短浅的和不切实际的，不但不利于农民工群体摆脱所处社会福利制度体系尴尬地位，还可能制造出更多、更加复杂的"碎片化"福利制度。

尽管马丁·怀特认识到了中国的市场改革时至今日在消减农民不利地位上的作用有限性，但他依然对21世纪提出的农村优先发展战略和户籍制度大讨论及相关试点保持乐观，诸如西部大开发战略、农村税费改革、取消农业税、种粮补贴；和谐社会构建、农村合作医疗、农村养老保险制度改革，等等。马丁·怀特关于现代中国城乡关系演进历史阶段的划分是西方式的，很大程度上粗犷地停留在以国家领导人的更迭为节点划界的层面上[1]，难免有失之简单、粗暴、臆测之嫌。把户籍制度视为二元制度体系的基石的观点同样与国内学者的主流观点是相一致的。但他的讨论止于当下，未能进一步探讨中国城乡一元演进的路径与未来图景，不能不说是一个遗憾。

综上所述，马克思主义经典作家和西方学者较早关注城乡关系的不平等，并在社会整体演进的历史长河中探求城乡关系演进的一般规律，对城乡关系的理想形态做出了自己的判断，精细的设计或天才的设想。他们能够认识到城乡对立只是城乡关系发展进程中的

---

[1] Whyte, Martin. ed., 2010. *One Country, Two Societies: Rural-Urban Inequality in Contemporary China*. Cambridge, MA: Harvard University Press, p. 8.

一个阶段，城乡关系最终应当，也只能是城乡融合的、一元化的发展状态。包括中国在内的亚洲一些发展中国家城乡互动发展，城郊、城乡接合部的社区实践成就了加拿大学者"Desakota"模型，似乎也为霍华德的"城市田园"找到了亚洲的例证。二元结构是以刘易斯为代表的发展经济学家们发现并对发展中国家有效分析的理论工具。尽管他们的研究最初只是限定在二元经济结构的分析与探讨。但他们的发现无疑是创造性的。发展经济学家们提出的城乡劳动力流动的"刘—拉—费"模型、托达罗模型虽未涉及中国城乡二元制度结构的社会图景，亦为后来中国城乡劳动力流动、转移提供了极具意义的启发与思路借鉴。

二 国内学者的相关研究

"二元结构"的理论探讨一经与中国实际相结合，就远远超出了传统与现代的二元经济学范畴。而从刘纯彬那里一开始，它就被定义为二元社会结构，而不是一种纯粹的二元经济结构。中国二元社会结构的探讨一开始就注意到了中国城乡社会的不平等现状及其不合理的制度安排，多数研究虽未明确包含社会福利的专题探讨或视角，但都无一例外对二元社会制度下的城乡社会福利差异做出了广泛探讨。

（一）二元制度划分城乡优劣

刘纯彬是国内最早明确使用"二元结构"概念并对中国经济社会制度展开研究的学者。1988年，时任"中国农村城市化课题组"成员的刘纯彬在《农业经济问题》上发表长文《走出二元——根本改变中国不合理城乡关系的唯一途径》指出："发展中国家的工业化、城市化是城乡关系的主线或主旋律。也就是说，工业化、城市化的状况决定了城乡关系的状况。城乡关系的问题应当到工业化、城市化中去求解，才能找到问题的症结。而说明中国工业化、城市化的核心钥匙是二元结构。"① 论文以问题为导引，从 15 个维度上对该问题展开论述，其重点一开始就着眼于中国社会现实，而不是要创立宏大理论；研究始终以发展为导向，点题、解题，为改革、为发展谋出路。在刘纯彬看来，二元社会结构实际上是由一系列具体制度建构起来的一种社会状态。他枚举了户籍制度、住宅制度、粮食供给制度、副食品供给制度、燃料供应制度、教育制度、医疗制度、就业制度、劳动保险制度、劳动保护制度、婚姻制度这 11 种制度为城乡二元结构的基本内容，并逐一分析制度分割在城乡两端造成的切实社会不平等。刘纯彬指出："中国二元结构的本质特征，不是一般发展中国家通常具有的那种二元经济结构的特征，或者仅仅是更典型一些。中国二元结构的要害是在形成二元经济结构的同时，形成了举世无双的二元社会结构，在运行中这两种结构越来越紧密地凝结为一体。人们往往注意到中国的二元经济结构，而忽视二元社会结构，其实它们是相辅相成的，既互为前提，又互为结果。"② 寄望"从社会主义的理想目标考虑，从发展中国家向发达国家迈进的方向考虑，从当代中国的改革大业考虑，都应当抛弃维护二元结构大前提的指导思想，代之以走出二元，拆除城乡壁垒的指导思想，这一指导思想的转变意义十分深远，将从根本上改变市民阶级和农民阶级的内在矛盾及其外在表现形式"③。

此后，刘纯彬在 1988—1990 年先后发表《理顺城乡关系的关键是走出二元社会结构》《中国社会各种弊病的根子在哪里（文摘）》《农村改革·土地制度·规模经营》《论中国的二元社会结

---

① 刘纯彬：《走出二元——根本改变中国不合理城乡关系的唯一途径》，《农村经济问题》1988 年第 4 期。
② 刘纯彬：《走出二元——根本改变中国不合理城乡关系的唯一途径》，《农村经济问题》1988 年第 4 期。
③ 刘纯彬：《走出二元——根本改变中国不合理城乡关系的唯一途径》，《农村经济问题》1988 年第 4 期。

构——阻滞中国农村工业化城市化过程探析》《二元社会结构的实证分析》《二元社会结构与工业化》《二元社会结构与城市化》等系列文章，从不同制度维度和社会发展层面对中国城乡二元制度分割的事实进行了大量实证性分析与探讨。值得一提的是，在《二元社会结构的实证分析》一文中，刘纯彬把城乡二元结构的主要内容由上述 11 项制度扩展为 13 项，增加的两项分别是人才制度与生育制度。其后，1990 年，在郭书田、刘纯彬合著的《失衡的中国》一书中，城乡二元社会结构被进一步补充为 14 项具体的制度，大致为上述《走出二元》一文中提到的 11 项制度中的副食品供应制度与燃料供应制度合并为副食品与燃料供应制度一项，另外增加了生产资料供给制度、人才制度、兵役制度和生育制度四种。作者强调，"在形成二元社会结构的 14 种具体制度中，上述 13 种，市民统统处于'优等'地位；农民处于'劣等'地位。只有生育制度则相反，而这相反恰恰不是'好事'……农民一对夫妇只生一个孩子的极少……宣传教育与罚款这两类主要办法现在已越来越难以奏效。有钱的不在乎，没钱的要钱没有……这就必然带来了并且已经带来了国民素质下降的结果……"[①] 这与刘纯彬在《二元社会结构的实证分析（下）》一文中关于"生育制度"的判断完全相同。由此看来，刘纯彬已经能够站在"籍""权"媾和、社会福利制度间相互强化、定型的宏观逻辑来看待和分析城乡二元社会制度的利弊得失。

中国学者之于二元结构的探讨自一开始就已经完全超越了纯粹发展经济学关注的范畴，认识到中国城乡是一个"二元社会结构"。刘纯彬等采用枚举策略详述了 14 种之多具体的制度，并尝试逐一给出破解策略，没有满足对中国城乡二元社会结构的简单描述，中

[①] 郭书田、刘纯彬：《失衡的中国》，河北人民出版社 1990 年版，第 75—76 页。

国学者常素的务实之道由此可见一斑。他们敏锐地发现，"户籍制度发挥了一道强有力的闸门作用，意义并不在于闸门本身，而在于我们下面要论及的 13 种具体制度。换言之，如果没有这道闸门，这 13 种具体制度很难存在甚至根本无法存在。所以，户籍制度只是所谓维持二元社会结构的工具，实际内容尽在下述 13 种具体制度中……"①很显然，作者已经找到了问题的关键，14 种制度之中户籍制度是基石，其余 13 种具体制度皆依附于户籍制度之上、围绕户籍制度而建立的，要想破除二元结构，打掉这个基石是根本、是标志。这是一个相当有见地的判断！然而，户籍制度又似乎不只是一个一个"标签"，其本身就是实际内容，只是当时的 13 种具体制度以及后来更多的具体制度与之相互关联、相互强化，使得城乡二元社会结构成为一个被锁定的体系，积重难返。郭书田、刘纯彬等关于农民流动的分析是完善的，"就地消化"很好地诠释了中国最初的社会流动政策，这与发展经济学早期的劳动力无限供给条件下的劳动力流动，甚或托达罗模型有着本质的差异，突出表征着中国二元社会结构的独特性。

（二）"城乡分治，一国两策"的研究实践

陆学艺与王春光是较早从二元社会结构自身的生成及其逻辑演进角度探讨中国社会结构的社会学家。他们在《社会主义道路与中国农村现代化》（1994）、《中国农村社会变迁》（1996）、《中国城市化之路》（1997），以及《中国农村现代化道路研究》（1998）等著述中都辟有专门章节集中论述中国的"二元社会结构"，详细地探讨了中国二元社会结构的由来与固化、二元社会结构的效益以及二元结构与二元社会。就当代的社会学研究而言，城乡二元已经成为一种基本的研究视角，认为撇开"城""乡"任何一极分析、讨

---

① 郭书田、刘纯彬：《失衡的中国》，河北人民出版社 1990 年版，第 31 页。

论另一极都是毫无意义的空谈。陆学艺认为，20世纪50年代以后逐步建立起来的城乡分割的二元制度基础是城乡所有制差异，并由此引致了城乡之间差别迥异的经济、社会政策体系，彼此映照、固化，形成了"城乡分治，一国两策"的格局。党的十一届三中全会之后，农民重新获得了土地使用权、经营权，农业连年丰产，农民收入有了改善，城乡差距一度缩小。陆学艺注意到，到20世纪90年代后半段，农村发展重新变得不乐观起来：农业丰产不丰收；乡镇企业也因市场竞争压力与国际金融风暴影响遭遇寒冬。陆学艺指出，"农村发展遇到障碍，是农村第二步改革没有能进一步冲破计划经济体制、城乡二元社会结构束缚的结果……实质的问题在于，计划经济体制下形成的城乡二元社会结构格局及其户籍制度，至今没有改革"。[①] 在陆学艺看来，"城乡分治，一国两策"的格局至少有两个负面后果，一是阻碍社会流动，造成城市化与工业化，经济结构与社会结构的不协调，二是有碍于社会主义市场体制的孕育、成长，阻碍农村发展同时也迟滞了城市的发展。陆学艺撰文指出，这个格局存在的时间太长了，很少改革，"我们已经到了必须考虑如何走出'城乡分治、一国两策'的格局的时候了"[②]。而改革的基本思路则是走出城乡二元分治的思维与制度藩篱，走城乡一体化的路子，"现在的农业问题，在农业以外；现在的农村问题，在农村以外。要解决目前的农村农业问题，必须跳出农村农业的圈子；同样，研究城市、工业发展，不能就城市论城市，就工业论工业，而要考虑农村、农业的发展和问题……[③]

王春光认为："中国城乡关系基本经历了这样几种状态：一体

---

① 陆学艺：《走出"城乡分治，一国两策"的困境》，《读书》2000年第5期。
② 陆学艺：《走出"城乡分治，一国两策"的困境》，《读书》2000年第5期。
③ 陆学艺：《走出"城乡分治，一国两策"的困境》，《读书》2000年第5期。

状态(古代)、对立状态(近代)、隔离状态(现代)、半开放状态(当代)和新的一体化(未来)。"[①] 在他看来,中国二元社会结构经历了生成、固化大致经历了三个阶段:1953—1957年为发育阶段;1958—1961年为全面成长阶段;1962—1977年为调整阶段。王春光没有拘泥于营构二元社会结构营垒的具体体制或制度上的分析,而是在统御二元体制的基础上做了更为宏观、更为概括和更为理论化的探讨,判定,"二元经济是城乡二元社会结构的基石""计划体制是城乡二元社会结构的营垒""行政控制是城乡二元结构的保障手段""社会利益的二元分化是城乡二元结构的维系力量"。城乡本是自然地理空间概念,但这本不具有社会属性的地理区位概念在王春光看来却有了社会分层的遗憾,他指出,在城乡二元社会结构下,"职业差别与地理差别重叠""阶层差别与地理差别重叠""收入差别与地理差别重叠"以及"生活方式差别与地理差别相互强化",地理差别与社会差别相重叠,社会分层是一种刚性的,整个社会似乎在按照地理差别、按照城与乡的地理与社会界限隔离了开来。这大大迟滞了中国城市化进程,延缓了工业化进程,并大大增加了中国农村现代化的机会成本。

王春光关于中国城乡二元社会结构生成、固化的研究是相当精细并极具系统性、理论性的。他把研究的焦点更多地聚集在1958年至1977年。毋庸置疑,这是中国城乡二元分治最为突出的时期,农村存在的全部意义就在于为工业发展提供生产资料,农民被完全锁定在土地之上,由乡到城的流动渠道几乎断绝,社会差别与地理差别高度重合。之于中国现代城乡关系隔离状态,王春光的研究是卓有成效的,甚至可以说时至今日仍是难以超越的。他关于当代的半开放状态和未来新一体化规划或预测,或失于繁杂,或语焉不

[①] 王春光、孙晖:《中国城市化之路》,云南人民出版社1997年版,第24页。

详，但他认为，城乡结构依然是当前中国社会转型当中的迟滞者。①

全国第七次人口普查数据显示，全国人口中，居住在城镇的人口占63.89%，与2010年第六次全国人口普查相比城镇人口比重上升明显（14.21个百分点）。而根据公安部提供的数据，2020年中国户籍人口城镇化率还仅为45.4%，人口城市化滞后于非农化问题十分突出。早在2006年，王春光就提出了"半城市化"这一概念以指涉农村流动人口在城市的社会融入问题。王春光指出，劳动分工（职业的非农化），并不必然产生平衡机制，并不意味着达成社会整合。大规模的农村劳动力向城镇流动肇始于20世纪80年代末90年代初，但40多年来，他们大多仍被局限在次级劳动力市场，从事非正规就业，工作在城市、居住在城市却消费在农村；他们是城市纯粹的劳动者和就业者，却不享受城市的福利与保障，缺少与城市社会有效融入的制度、社会机制。"所谓'半城市化'，指没有彻底融入城市社会的状态，或者说是'城市化的不彻底'状态，具体地说，它表现为农村流动人口在制度上没有享受完全的市民权，在社会行动上与城市社会有明显的隔离以及对城市社会没有认同感，不认为自己是市民，在社会认同上出现内部化、边缘化倾向。"② "与城市化相比，'半城市化'的关键就在'半'上，形象地看，犹如一个人一只脚已经跨进门槛，另一只脚还在门外一样，是一种分离的现象。"③

（三）城乡二元制度的"制度阀"效应

"制度阀"是林聚任、马光川在城乡结构变革的制度分析时提

---

① 王春光：《城乡结构：中国社会转型的迟滞者》，《中国农业大学学报》（社会科学版）2007年第1期。
② 王春光：《对中国农村流动人口"半城市化"的实证分析》，《学习与探索》2009年第5期。
③ 王春光：《农村流动人口的"半城市化"问题研究》，《社会学研究》2006年第5期。

出并使用的一个关键概念。在他们看来，城乡二元制度是一种人为设置的"制度阀"，城乡二元分割是出于计划经济与社会管控需要的一种制度设计。"一切按照国家计划发展的需要去调节城乡之间人口与资源的流动，从而达到国家集中控制的目的。"[①] 林聚任等认为，应在制度的有形规则体系发展演进之外寻找制度的逻辑之源。他指出，城乡二元结构思维是城乡分割的深刻思想、观念根源，破除二元社会结构，需首先破除城乡二元的政策观念与思维定式，树立城乡一元观。"固然，中国城乡二元结构的存在有重要的制度根源，制度的改革必不可少，然而，城乡二元结构的存在还有深刻的观念根源。要破除城乡二元结构，最根本的一点就是转变发展思维，而且制度机制的保障也要依靠观念的改变。"[②] 毫无疑问，把制度理念前置于制度设计、制度实践与制度后果符合制度体系自身的内在结构逻辑。制度理念是制度设计的灵魂，对整个制度设计、制度实践具有明确的指导意义，影响甚至直接左右着制度执行的后果。进一步明确"城乡一元观"在中国城乡社会制度设计上的指导意义与现实作用，可以最大限度地避免舍本逐末与只顾眼前利益的短视行为，在城乡制度设计与制度研究上亦有正本清源之意义。新制度经济学家诺斯告诉我们，制度发展有其自身的路径依赖，但或许，在制度设计本身之外，制度观念与制度习惯可以为中国的二元社会结构何以如此牢不可破提供一些更有意义的、意想不到的说明。

21世纪以来，以"三化"（工业化、城市化、非农化）对应解决"三农"（农业、农村、农民）的观念十分流行，甚至被视为百

[①] 林聚任、马光川：《"城市新居民"市民化与"制度阀"效应：一个制度分析的视角》，《人文杂志》2015年第1期。

[②] 林聚任、苏海玲：《城乡一元观》，《开放时代》2009年第8期。

试百灵的妙药。征地、撤村建居、把农民整村迁居进城则成为很多地方政府认定的城市化与非农化的重要方略。在此种思维主导与土地收益、政绩权衡等诸多因素共同作用之下，地方政府各显征地高招、各有造城绝技，"城中村"改造、新城区建设，甚或广大农村地区亦不能幸免的轰轰烈烈的"合村并居"①。有学者指出，城镇化进程中"出现农民与政府博弈，是因为农民追求经济利益最大化；因此，在政府一边，只要朝着照顾农民利益的方向把政策改好，失地农民问题就能解决，这一类意见直观地突出了城郊农民行动中的经济收益动机，希望推动政府在经济补偿方面做出适当调整"②。也有学者认为，农民市民化不应被视为"城市化"问题的一部分，"农民"与"市民"设计不同的社会属性差异，更多地从生活意识和生活式样的变化入手，可能更有利于发现问题的本质，从而真正有助于问题的解决。③

（四）社会福利制度"碎片化"及其整合研究

城乡福利制度一体化与社会福利体系的普遍整合研究进路都清楚地认识到了城乡分割背景下的社会福利"碎片化"问题。在郑功成看来，板块结构、封闭运营、效率低下是城乡二元社会福利结构特征，正是中国社会保障制度建立、发展的渐进性、无经验借鉴性、缺乏顶层设计的结果。而景天魁则直接归诸中国城乡分割的社会结构。

纵观社会保障和社会福利制度发展与模式演进，国内外学者虽基于不同的学科视角、研究理想与分析目的常有大相径庭的理想类

---

① 林聚任：《合村并居与农村社区化建设》，《人文杂志》2012年第1期。
② 毛丹：《J市农民为什么不愿做市民：城郊农民的安全经济学》，《社会学研究》2006年第6期。
③ 陈映芳：《征地农民的市民化：上海市的调查》，《华东师范大学学报》（哲学社会科学版）2003年第3期。

型划分与特征刻画，但鉴于中国社会福利制度建立、发展、变革时间较短且阶段性特征明显，之于中国社会福利制度发展的阶段划分及其特征刻画在学界已在相当程度上达成共识。即，党的十一届三中全会在中国经济社会发展进程中具有十分深刻的界碑意义，之于中国整体经济社会体制机制无不如此，之于社会福利制度发展变革亦莫能外。国内外学界、不同学科的表述方式或有差异，但关于制度发展阶段的时间节点划分的争议不大，皆以党的十一届三中全会为重要的历史界碑。郑功成认为，中国社会保障制度迄今可以划分为两个阶段，这一分类方法显然是把中国社会保障制度从无到有、从有到变的发展演进置于新中国经济社会发展变革的时代大背景下分析的结果。在他看来，新中国前30年为第一阶段，其阶段性特征是建立并发展了与计划经济体制相适应的社会保障制度体系，"制度安排具有典型的国家负责、单位（集体）包办、板块结构、全面保障、封闭运行"[①]的阶段性特征。第二阶段始于20世纪80年代，中国社会保障基于市场经济体制与社会结构分化的需求，开始了循"序"渐进、摸石头过河式的改革，根植于党的十一届三中全会以来中国经济社会制度的深层变革。

毫无疑问，两阶段发展变革论建构起了中国社会福利制度发展演变的主体分析路径。近年来，"三段论"虽有声名鹊起之势，但仍未能跳出前述两段论的窠臼。三段论的划分基本上以30年为一个时间段，前一个30年在时间节点上与两段论的第一阶段重合。第二个30年则标志着中国社会福利制度在市场化、城市化双重作用下的重构，既是政策、制度层面上的，更是理念、基础意义上的。21世纪以来，中国社会保障改革发展基于第二个30年发展出

---

① 郑功成主编：《中国社会保障改革与发展战略（总论卷）》，人民出版社2011年版，第3页；郑功成主编：《社会保障学》，中国劳动社会保障出版社2005年版，第71页。

现了一些新变化、新发展，就其战略目标而言，其深度、意义虽无法与第一次变革相提并论，但其发展的基础、目标甚至发展理念都发生了极深刻的变化，也可以视为一种新的理想类型，以便于分析的需要。在郑功成看来，21世纪"中国社会保障制度发展的战略目标，是从弥补制度缺失、构建覆盖城乡居民的社会保障体系入手，积极稳妥、循序渐进地推进社会保障制度沿着公平、普惠、可持续的方向发展，在解除人民生活后顾之忧的同时，不断提高人民的生活质量并增进人民的幸福感，切实维护个人的自由、平等与尊严，在中华人民共和国成立一百周年前后迈向中国特色社会主义福利社会"①。

景天魁更关注中国社会保障制度和福利制度改革及其体系的普遍整合。社会学家们更加关注一种社会结构与社会保障制度之间的内在关联。景天魁的底线公平理论②、大福利理论③以及建构普遍整合福利体系④的思想都极具代表性，表征着中国社会福利研究的一种较强的社会学学科视野。景天魁着眼于社会福利制度体系建构自身，并以其制度体系建构的目标、任务与成效划分为前后相继的两个发展阶段。在他看来，2012年才是中国社会保障和社会福利发展史上深具历史意义的纪元。在此之前，特别是刚刚过去的30多年，中国社会保障和社会福利历经艰苦探索与制度变革，最终实现了全覆盖，"制度全覆盖，就是中国全面建立了覆盖城乡的社会保险、社会救助和社会福利制度，在社会建设的意义上，中国人民的

---

① 郑功成：《中国社会保障改革与发展战略：理念、目标与行动方案》，人民出版社2008年版，第42页。

② 景天魁：《底线公平：和谐社会的基础》，北京师范大学出版社2009年版。

③ 景天魁、毕云天、高和荣等：《当代中国社会福利思想与制度——从小福利迈向大福利》，中国社会出版社2011年版。

④ 景天魁等：《普遍整合的福利体系》，中国社会科学出版社2014年版。

生活有了直接的制度保障"①。然而，在景天魁看来，制度全覆盖，既是丰碑又是起点，实现社会福利的制度整合，更是中国福利制度发展的重点和关键。景天魁认为，中国社会保障制度的"应急"性生产在客观上造成了社会保障制度碎片化严重的制度后果，"过程合理"但"结果不尽合理"。景天魁指出，未来"社会保障和社会福利水平当然要适时适度提高，但关键不在于提高保障和福利水平，而在于福利制度整合"②。

毋庸置疑，城乡二元制度是理解中国社会结构及其转型的关键，也是全面理解与科学把握城乡社会福利制度的冲撞、整合的钥匙。当前中国社会结构的最难点在于城乡二元分割及其结构不平衡，而中国社会福利最大的不平衡突出表现为城市与乡村的巨大福利制度差别。近年来，社会福利制度的整合研究在城乡一体化与底线公平基础上福利体系的普遍整合两大研究理路上取得了不错的进展。而本书通过"村改居"较长时段村居变迁进程中居民可行能力的增长以及乡城福利模式的整体转换研究，全面刻画中国城乡社会福利分割、冲撞、整合，进一步明确二元社会结构在中国城乡社会福利整合进程中突出的"制度阀"效应，发现奎文城乡社会福利一元整合的制度策略与实践逻辑正是对上述研究的有益拓展和必要补充。

第二节 研究视角与个案选取的典型性

一 制度分析的视角

制度分析是本研究的主要研究视角。以中国城镇化背景下特定

---

① 景天魁等：《普遍整合的福利体系》，中国社会科学出版社2014年版，第3页。
② 景天魁等：《普遍整合的福利体系》，中国社会科学出版社2014年版，第6页。

个案社区的村居制度变迁实践为主线，长时段剖析城乡二元社会福利制度的形成、固化、冲撞、博弈，凸显社会福利制度演进进程中突出的"制度阀"效应，进而刻画城乡二元福利制度的冲撞，并生成性建构城乡分割背景下社会福利制度的一元整合逻辑与机制是研究的出发点和落脚点。中国城乡二元分割制度的建立是中国特定历史时期形成的特殊制度安排，既与国际敌对势力的封锁密不可分，又与富邦强国、巩固新政权的需要高度相关，具有典型的"后发型"特征，政府主导作用机制鲜明。国家先后制定并实施了一系列制度、政策以促进并确保城市工业发展的优先性，制度构建与组织重建相结合，重城轻乡、城乡分割的二元制度体系确立、发展并得以固化。毋庸置疑，坚持一种制度分析的视角，对客观理解、准确把握中国城乡体制机制转型与社会组织的重构具有极为特殊的意义。

社会福利制度碎片化现象是中国社会福利制度应急性建构的制度后果，集中反映了当前中国社会福利制度的过渡性特征。城乡社会转型升级过程中呈现出一系列转型性的矛盾和问题，突出表现为制度和组织管理不接轨、居民待遇不平等、有形无实，等等。社会福利制度结构显著的二元性和过渡性，一方面表征着城乡二元制度尚未实现根本性突破，另一方面也直接说明了当前中国社会福利制度体系整体有待优化。而随着城镇化的加速，中国社会结构的转型、重构面临着新的挑战与机遇。

新制度主义为我们提供了理论与概念工具的便利。诺贝尔奖获得者、著名经济史家、制度经济学家道格拉斯·诺斯指出："制度是一个社会的博弈规则，或者更规范地说，它们是一些认为设计的、型塑人们互动关系的约束。从而，制度构造了人们在政治、社会或经济领域里交换的激励。制度变迁决定了人类历史中的社会演化方式，因而是理解历史变迁的关键。"[①] 诺斯认为，制度界定并限制了人们的选择集合，并通过建立互动的稳定结构减少生活当中的不确定性。新制度主义经济学所讲的制度不是 system，而是 institution，诺斯称之为制度安排。在诺斯看来，制度变迁是渐进的、非连续性的，"历史是重要的。其重要性不仅在于我们可以从历史中获取知识，还在于种种社会制度的连续性把现在、未来与过去链接在了一起。现在和未来的选择是由过去所型塑的，并且只有在制度演化的历史话语中，才能理解过去"[②]。制度变迁是一个复杂的过程，制度一经产生，制度的自我强化机制就开始自发运转，制度变迁有其路径依赖。经济史学家保罗·戴维（Paul Dadid）最先关注到制度变迁的路径依赖问题，而经济学家布莱恩·阿瑟（W. Brian Arthur）则进一步总结出来四种自我强化机制（self-reinforcing mechanisms）[③]，制度自我强化的后果则易于形成一种锁定（lock-in）效应，"方案一旦达成，就很难再从中走出来"，路径依赖对制度变迁具有极强的制约作用。

在《关于制度变迁的经济学理论：诱致性变迁与强制性变迁》一文中，林毅夫尝试运用经典的"需求—供给"经济学理论构架来分析制度选择与制度变迁。他指出，制度是一种公共物品，在一个具体的社会中，各制度安排之间是彼此关联的。制度安排是一项极具地方性的工作，在一个具体社会当中的实施效果并足以完全作为其中另一个具体社会中效应的参考，对一项具体制度安排的估价也

[①] ［美］道格拉斯·诺斯：《制度、制度变迁与经济绩效》，杭行译，格致出版社、上海人民出版社 2008 年版，第 3 页。
[②] ［美］道格拉斯·诺斯：《制度、制度变迁与经济绩效》，杭行译，格致出版社、上海人民出版社 2008 年版，前言。
[③] 阿瑟总结出的四种强化机制分别是：巨大的启动或固定成本（large setup or fixed costs）、学习效应（learning effects）、协调效应（coordination effects）以及适应性期望（adaptive expectations）。

必须从与之相关的制度体系当中把握。他具体区分了两种制度变迁的理想型：诱致性制度变迁和强制性制度变迁，"诱致性制度变迁指的是现行制度安排的变更或替代，或者是新制度安排的创造，它由个人或一群（个）人，在响应获利机会时自发倡导、组织和实行。与此相反，强制性制度变迁由政府命令和法律引入和实行。诱致性制度变迁必须由某种在原有制度安排下无法得到的获利机会引起。然而，强制性制度变迁可以因在不同选民集团之间对现有收入进行再分配而发生"[①]。但他强调，两种理想型的划分，只是出于分析方便的需要，无论是诱致性制度变迁或是强制性制度变迁往往可以看到政府推动的影子。

新中国成立之后一段时间内逐步确立了以户籍制度为核心、城乡分割的二元制度体系，"这种二元制度实质上是中国当时实施的高度集中的计划经济体制与管理的主要构成部分，其主要特征表现为城乡分治、重城轻乡、严格限制城乡人口和资源的流动，从制度上保证国家和城市的需要。……这种二元制度在城乡之间人为设置一种控制阀，一切按照国家计划体制发展的需要去调节城乡之间人口与资源的流动，从而达到国家集中控制的目的"[②]。城乡分割的社会福利制度内嵌于中国二元制度体系之中，且一经产生就发挥了重要的"制度阀"效应，即维护社会秩序的控制阀，维护利益关系的调节器以及达到一定社会结果的一种选择机制三重制度后果。

二 个案选取的典型意涵

研究个案具有典型性、突出的边界特性与对比意涵。

[①] 林毅夫：《关于制度变迁的经济学理论：诱致性变迁与强制性变迁》，载［美］R. 科斯、A. 阿尔钦、D. 诺斯等《财产权利与制度变迁：产权学派与新制度学派译文集》，生活·读书·新知三联书店上海分店出版社1991年版，第384页。

[②] 林聚任、马光川：《"城市新居民"市民化与"制度阀"效应：一个制度分析的视角》，《人文杂志》2015年第1期。

典型性是笔者选取中上虞河社区为个案的最大依据。潍坊市奎文区以集体资产改制的彻底性、"同城同待遇"开创了"村改居"的"奎文模式",包括计划生育5年过渡等实践举措具有很强的可操作性,取得不错的实践效果。全国、全省"村改居"经验现场会多次在奎文举行。潍坊村居改造的第一枪是在奎文区广文街道的中上虞河社区打响的。随着城镇化的快速推进和潍坊城市区域的迅速蔓延,潍坊市奎文区这个1994年才成立的"新区"成为中心城区,其所辖村庄70%成了"城中村"。现在的中上虞河社区已经是地处潍坊市中心地带的现代城市社区。其所限中上虞河社区由一个名副其实的传统的农耕村落逐渐转变为少地、无地村落,由远郊到近郊村,进而成为"城中村"。2004年,潍坊市启动了中心城区"城中村"改造工程,决心理顺中心城区城市管理的体制机制。中上虞河社区成为"试点村"率先完成了"城中村"改造并成为典范。由此而言,案例社区为我们提供了一个村居变迁的"缩影"。

突出的边界特性与对比意涵也是笔者选取中上虞河社区为个案的重要考量。中上虞河社区原是县城东郊传统村落,后随潍坊城市化区域的蔓延相对位移而成为中心城区城中村,具有似城非城、似乡非乡、亦城亦乡的城乡边界属性。笔者单位(高校)的旧址就坐落于原中上虞河社区北,与中上虞河社区凭路相望,其用地亦是征用的原中上虞河社区被称为"金盆底"的高产粮田。记得当时学校操场尚未完全建成,中上虞河社区的村民星罗棋布地种植些玉米、黄豆之类的作物。学校周围的好多摊贩都是中上虞河社区的村民,虽未对村民们做过专门的研究,确也偶有闲聊,故对中上虞河社区还算得上熟识且心底极有亲切之感。随着城市的扩展,笔者单位亦由原来的"城郊"迁到了现在的城郊,更不似以前凭窗即可以看到中上虞河社区村一排排平方的屋顶(原中上虞河村旧址上已经建起了现代都市化的"虞景嘉园",笔者原居住的公寓楼也早已不再)。

从富地村到无地村，从以耕种为主到以工为主，城物理特征显著，乡社会遗留也比较严重。中上虞河社区的村改居有着一般村落共同体遭遇的城乡社会福利制度的全面冲撞，以及可行能力增长拓展及其相关政策能否落到实处的问题。中心城区的城中村、城中村改造试点村、"村改居"奎文经验的重要精炼点，案例村具有毋庸置疑的边界意义。

"一溜'三上虞'，东潘西马加一韩"，指的是毗邻而居的广文街道办事处下属的西上虞河、中上虞河和东上虞河三村（社区）。据载[1]，韩姓与马姓于明初迁潍县城东6里处定居，因位于虞河上游，故取名上虞河。后子孙繁衍，析出东、西二村，改今称。中上虞河社区村居变迁意义与对比意涵不仅体现在其社区自身的城乡接合部效应，而且在与西上虞河社区的比照中更为突出、更为发人深思。西上虞河社区与中上虞河社区原本是一个自然村，也是一个行政村。1989年，析出成为行政村的西上虞河村实现了村民委员会到居民委员会的转变，居民也完成了由村民变市民的身份转换。一路之隔、阡陌相连，路西是城，路东是乡，城里人上班、乡下人种地，这样的对照无疑更具可说明性与效果的震撼性，更能说明中国城乡福利制度冲撞、整合的逻辑及其路径依赖。

中上虞河社区是一个适切的个案，通过对该案例社区村居变迁进程中的村落及其居民可行能力的拓展，城乡福利制度的冲撞、整合研究，能够发现中国城乡福利制度一元演进的关键、制度博弈的逻辑与作用机制，实现城乡社会福利制度静态分析与动态整合努力研究的有机结合，从而为中国新型城镇化加速背景下中国城乡社会福利制度的一元整合提供经验借鉴与理论参考。

---

[1] 山东省潍坊市潍城区史志编纂委员会：《潍城区志》，齐鲁书社1993年版，第99页。

第 二 章

城乡社会福利的制度
惯性与型变

在新制度主义看来，制度是决定长期绩效的根本要素，具有基础性社会作用机制。而制度发展的路径一经设定，进程即深受制度环境、既有制度安排、历史主观模型等诸因素强化，从而具有了路径依赖性。中国城乡社会福利制度二元分割形成、发展、固化的历史也是"籍"与"权"媾和并不断自我强化的历史。社会主义市场制度机制的引入，再分配制度的变革，引致了二元社会福利制度结构的部分形变，极大释放了村落及其居民的可行能力。但这并未彻底改变社会福利制度城乡分离属性与自我封闭的状态，未能在根本上摆脱城乡二元制度分割的"制度阀"效应，跳出既有的路径依赖。

第一节 城乡社会福利制度
分割的路径依赖

社会治理政策、方略与民生福祉高度相关，并在根本上决定了社会福利的制度类型，限定并制约着居民的可行能力。早在春秋时期，齐相管仲就有"四民分业定居论"，认为士农工商各有其生活方式，宜分类而居以便于社会教化与管理，"……勿使杂处，杂处则其言哤，其事易"①。其时，人的可行能力与职业分类高度相关，但这在中国悠久的社会治理思想中绝对算得上是异类。历史的车轮碾过20世纪中后期的中国，"分业定居"的思想似乎以另一种更为精细的方式复活——"城乡分治，一国两策"。毫无疑问，管仲的"四民分业定居论"与"城乡分治"无论在治理理念、治理技术抑或是治理的目的、动机，模式、路径都存在着巨大的差异，其精细程度更不可同日而语。"城乡分治"是基于户籍制度、粮油供应制度、统购统销制度等于一体的系统制度体系，其作用与影响绝不仅限于单项社会福利的一时一域，虽历经形成、发展、固化、形变，在中国社会形成了根深蒂固的制度思维、政策惯性与广泛实践，渗透于公共政策各领域，并在事实上严重影响了城乡社会尤其是乡村社会的可行能力。城乡二元的思维与制度惯性已经成为当前中国经济社会发展最大的桎梏②，倘若无法突破既定的二元结构框架，城乡社会福利制度一元将成空中楼阁。

一 城乡分治的形成与固化

毫无疑问，中国的现代化是"后发型"的，自启动之日起就有着强烈的目的性、使命感与紧迫感。毋庸置疑，在内无资金积累、无技术支持、无资源支撑，外无援助的情境之下，如何调动其全部的积极性、创造性，凝聚力跳出长期困顿中国的社会原子化危机和传统"循环的陷阱"③，成为最为关键的一环。

社会原子化危机构成了秩序何以可能的一个反命题。田毅鹏指

---

① 《国语·齐语》。
② 林聚任、苏海玲：《城乡一元观》，《开放时代》2009年第8期。
③ 张乐天：《告别理想：人民公社制度研究》，上海人民出版社2012年版，第2页。

出:"这个反命题包括如下含义:首先,社会原子化是社会变迁过程中社会解组运动的直接产物,是对社会整合状态的否定,并构成了寻求新的整合形式的起点;其次,具体而言,社会解组指的是处于国家与个体之间的一系列中间组织的解组,使得国家直接面对个体;最后,社会原子化危机的超越在于重构一个有活力的中间组织体系,而任其发展则可能导致专制。"[1]"循环的陷阱"指涉中国传统农村千年不变之格局——农村就像一个黑洞,吸纳一切激进的变革与温和的努力,并最终化之于无形。在社会结构的解释上类似于金观涛的"超稳定结构"。不变的农村,不变的乡愁。两大困境扼住了民族的咽喉,阻断着民族的生机与活力。

为摆脱历史遗留的治理与发展中的两大困境,革除旧中国"积贫积弱"的痹症与顽疾,基于新中国成立之初国内外基本形势及中国现代"后发外生"特性,以及苏联社会主义模式的典型范例参照,中国选择了以工为主、重城轻乡的发展模式,并在客观上引致了城乡分治模式选择。所谓城乡分治,通俗地讲就是对城市和乡村各自施行一套目的相近,而模式迥异的治理方式。即城市长期实行以单位为基础的街居制管理模式,而农村地区最初则选择的是一种"类单位制"的管理模式,以人民公社制度为典型。学界认为,虽新中国成立之初就已经确立了高度集中的计划经济体制雏形,但这一雏形的真正"定型"与"单位体制"的确立则是国家第一个"五年计划"时期的事情。单位体制具有明显的计划经济的制度特征,"第一,由于国家一方面尽力消灭市场关系并运行行政手段控制资源分配,另一方面企业承担起劳动者永久性就业和福利的责任,因而造成劳动者对就业场所的全面依附,其实质是个人对国家的依附;第二,决定新中国国家组织过程的政治结构和原则使法律

---

[1] 田毅鹏:《社会原子化:理论谱系及其问题表达》,《天津社会科学》2010年第5期。

没有成为国家管理社会的主要手段,因而在实现了公有制的基础上被纳入行政组织结构的经济组织成为国家对社会进行直接行政管理的手段;第三,劳动者的就业场所同时成为他们参与政治过程的主要场所;第四,对个人来说,就业场所的党组织和行政当局不仅是劳动过程的管理者,而且在政治上和法律上都实际代表了党和政府"[1]。

单位制是产生于特定时期并对中国经济社会结构与社会发展有着深远历史影响的社会治理框架,内含国家计划体制并与之相互作用、相互强化,是以"组织起来"为主旨的后发型现代化的一种制度选择与发展策略,"既是一个现代性意义上的'版本',同时也与中国传统社会,尤其是19世纪中叶以来中国社会的总体性危机背景下的社会重建有着直接的、密切的联系"[2]。这也引致了"强国家,弱社会"的制度后果,"国家动员能力极强而民间社会极弱,社会生活的运转职能依赖行政系统;缺乏中间阶层的作用,国家直接面对原子化的民众,其间缺少缓冲地带;不仅社会的自组织能力很弱,甚至社会自身的存在空间都被挤压得十分狭小;等级身份制盛行,结构僵硬;总体性意识形态同时承担社会整合与工具理性的双重功能,由于功能要求的矛盾性,不可避免地产生一种相互削弱的效应;缺少自下而上的沟通机制,民众的意见凝聚和表达缺少必要的制度渠道"[3]。

人民公社制度是施行于农村的一种"类单位化"组织,同样是一种行政全能式制度模式。它既是基层政权机关又负有直接经济管

---

[1] 路风:《中国单位体制的起源和形成》,《中国社会科学季刊》1993年第4卷(总第5期)。

[2] 田毅鹏、漆思:《"单位社会"的终结——东北老工业基地"典型单位制"背景下的社区建设》,社会科学文献出版社2005年版,第2页。

[3] 清华大学社会学系社会发展研究课题组:《走向社会重建之路》,《民主与科学》1989年第4期。

理的职能，更是解决社会事务、落实社会治理任务的基层社会管理机构。人民公社集行政、经济、社会功能于一身，一切土地和生产资料皆归公社集体所有，公社对生产劳动实行统一的计划管理，社员没有生产资料也无权自主安排时间，更无生产自主经营权，农民的自由行为和活动受到限制，甚至于逃荒也须持有公社开具的证明。国家借此实现并细化了对农村社会的全面管控，每一个农村居民都系在了社会治理链条之上，农村社会实现了高度的组织化。从1958年第一个人民公社成立到1984年完全退出历史舞台，人民公社制度在农村社会的嵌入、矛盾、冲突构成了这一时期的历史主线。与经济计划性高度契合的这种治理模式带有强烈的"运动型"[1]标签。从初级社，到高级社，再到"政社合一"的人民公社无疑是最好的证明。

　　城市单位制与农村公社"类单位制"虽皆具有行政全能与组织形式等诸多相近之处，隐含于其后的则是"重工轻农"与"重城轻乡"制度设计理念。需要说明的是，本书旨在探究新中国成立以来城乡社会福利制度的演进，书中所涉"工农""城乡"亦是基于城乡分割、整合的制度分析视角，与周其仁"重工轻城""工超前、城滞后[2]"中所涉"工"与"城"，以及工业化与城市化不协调、不同步意涵不同，研究旨趣亦有较大差异。陆学艺指出："解放40多年来，城市和现代工业通过二元社会结构得到农业和农村的大力支援。这种支援对城市工业的发展起了决定性作用。"[3] 新中国成立之初，中国工业总产值只占国民生产总值的10%，机器设备

---

[1] 周雪光：《运动型治理机制：中国国家治理的制度逻辑再思考》，《开放时代》2012年第9期。

[2] 周其仁：《城乡中国》（上），中信出版社2013年版，第30页。

[3] 陆学艺：《社会主义道路与中国农村现代化》，江西人民出版社1994年版，第79—80页。

陈旧，且资金人才匮乏，既无经验又无积累，外缺援助。而到1986年，工业总产值上升为国民生产总值的46%，尤其是城市重工业得到了更快发展，且城市化比重也有了提升。而这期间，通过城乡分割的二元结构体系，"通过工农业产品的剪刀差等方式，使工业和城市从农业获得的资金约为6000亿元"①。

二 "籍""权"媾和是城乡制度分割的实质

城乡分割的制度设计理念为户籍制度、粮油供应制度等一系列具体制度不断加强、固化，逐步成为中国城市化、现代化的阻碍与制度桎梏。那么，究竟是哪些制度、它们又是怎样起到城乡分割与分割固化作用的呢？郭书田、刘纯彬认为，二元社会是一种社会状态，是由一系列制度共同建构起来的。在他们看来，造成城乡二元社会结构状态的制度主要包括户籍制度、粮食供给制度、副食品与燃料供给制度、住宅制度、生产资料供给制度、教育制度、就业制度、医疗制度、养老保险制度、劳动保护制度、人才制度、兵役制度、婚姻制度和生育制度14项具体的经济社会制度。"这14项制度像14道闸门，一道一道地将中国城乡社会决然分开。一方面这些制度堵塞了城乡之间自发交流的渠道，形成僵化的城乡格局，另一方面，它们又帮助实现了通过农业和农村来支援和发展城市和工业。结果客观上城乡差别、工农差别扩大了。"② 在陆学艺看来，14项制度所起的作用是不等量的，有的作用大些，有的作用小些。这其中，户籍制度是基石，发挥着基础性的作用机制。《中华人民共和国户口登记条例》（1958）正式颁布实施，标志着中国严格城乡分割体制创立的开始。有的学者从发生学上深入探讨了新中国户籍

---

① 陆学艺：《社会主义道路与中国农村现代化》，江西人民出版社1994年版，第80页。
② 陆学艺：《社会主义道路与中国农村现代化》，江西人民出版社1994年版，第76页。

制度的缘起，指出作为城乡二元结构制度基石——户籍制度也并不与新中国的成立相伴生，而是有其自身生产、发展并逐步固化的实践逻辑的。在周其仁看来，"从1912年的《中华民国临时约法》、1941年颁布的《陕甘宁边区施政纲领》、到1954年的第一部《中华人民共和国宪法》，一以贯之地把'迁徙自由'列为公民的一项基本权利，还真是殊为不易。笔者认为，与其说这是来自传统与牢固的社会共识，还不如说是那个时代与'国际接轨'的产物吧"[①]。

依据有关学者的研究，中国户籍制度从历史上发展角度分析就有广义与狭义之分，广义的户籍制度是"籍"与"权"的结合，首见于隋王朝科举名额的按区域分配，"主要包括与户籍或户口有关的政治制度、意识形态、经济制度以及各项法规政策。如户的分类分等、人的行动权利和自由、劳动制度和分配额制度等等……"[②]而狭义的意涵更加突出"籍"的意涵"是按户登记人口的一种人口统计和管理制度，其主要目的是掌握人口信息，了解人口中的出生、死亡、迁入、迁出等基本事项的变化情况"[③]。1950年，国家出台的《关于特种人口管理的暂行办法》《城市户口管理暂行条例》，明确以"搞好社会治安，保障安全"与"规范城市户口登记与管理"为制度目标，当属于狭义户籍制度的范畴。然而，狭义户籍制度与广义户籍制度也只是学者们为便于分析研究而设计的两个理想类型，自"籍"与"权"的历史结合开始，户籍管理实践中就不再存在二者之间纯粹的、截然的二分。1953年，中共中央出台了《关于粮食统购统销的决议》，此后又相继出台了《关于棉花计划收购的命令》等一系列政策，全面实现了粮食、油料、棉布等生

---

① 周其仁：《城乡中国》（上），中信出版社2013年版，第42页。
② 陆益龙：《户籍制度——控制与社会差别》，中国商务出版社2003年版，第65页。
③ 陆益龙：《户籍制度——控制与社会差别》，中国商务出版社2003年版，第65页。

活必需品的垄断经营与管控，在基本社会生活权方面实现了城乡分治的"籍"与"权"的全面结合。1955年，国务院颁行《建立经常户口登记制度》和《市镇粮食定量供应暂行办法》，开始实行"农业人口"和"非农业人口"的划分，"籍"与"权"的全面结合的制度进一步得以明确。

需要明确的是，这里所指的"权"，指的是与生存发展机会密切相关的权利与自由，是一个在极宽泛意义上使用的概念，既不局限于马歇尔①（Marshall）笔下的民权（civil rights）、政治权（political rights）或社会权（即社会福利权）中的某单一权种，也不是完全等同于马歇尔的公民身份（citizenship）。就概念实际内涵与外延而言，更接近于阿马蒂亚·森所说的"自由"，是与人们的"可行能力"紧密关联的"赋权"及相关制度安排，"这些可行能力可以通过公共政策而扩大，但另一方面，公众有效参与公共政策的制定也可以影响公共政策的方向"②。就后一点而言，土地分包到户的基层实践与家庭联产承包责任制的制定实施就是明证。一般而言，"国民生产总值或个人收入的增长，作为扩展社会成员享有自由的手段，可以是非常重要的。但是自由同时还有赖于其他决定因素，诸如社会的和经济的安排（例如教育和保健设施），以及政治的和公民的权利（例如参与公共讨论和检视的自由）。类似地，工业化、技术进步、社会现代化，都可以对扩展人类自由做出重大贡献"③。

1958年《中华人民共和国户口登记条例》的出台，表征着中国自此进入了一个严格户籍管理的时代，也标志着中国城乡分割的

---

① Marshall, T. H. 1950. Citizenship and Social Class and Other Essays. Cambridge University Press, pp. 11–12.
② ［印］阿马蒂亚·森：《以自由看待发展》，任赜、于真译，中国人民大学出版社2012年版，第13页。
③ ［印］阿马蒂亚·森：《以自由看待发展》，任赜、于真译，中国人民大学出版社2012年版，第1页。

二元社会结构体系正式确立。城乡分治最显著的特点就是，"社会差别与地理差别相重叠、相加强，也就是说城乡差别不仅仅是地理位置差别，而且成为了中国社会中最重要的社会差别之一，影响了中国的发展方向"[①]。陆学艺指出："二元社会结构既具有控制性，又有抑制性；既较好地满足社会某部分人的生存、发展、享乐需要，又抑制另一部分人的生存、发展、享乐需要……二元社会结构对现代化的效应是多方面的，同时又是整体性的。"[②] 1958年之后，严格的户籍管理制度与粮油供应制度、就业制度、婚姻制度等相互强化，共同固化了中国社会的二元框架。这种固化突出表现为"籍"与"权"的高度整合，"以城乡二元社会结构为框架，形成了一个二元社会，其一个总要特征是社会差别与地理（或地缘）、血缘差别相重叠和加强……"[③] 农业户口与非农业户口既是一种基于职业的二元划分，亦是一种基于城乡地理区位的二元划分，户籍性质已经确定就具有恒常性与世袭性，对一般人而言一生当中绝少有变更的机会与可能。

城市户籍人口（非农业人口）比农业户籍人口（农业人口）享有更多的就业、医疗、养老等保障权以及粮油供应的优先权而更具社会地位，更具社会价值关联。1951年，政务院颁布了《中华人民共和国劳动保险条例》，后经1953年、1956年两次修订全面确立了适用于中国城镇职工的劳动保险制度；1952年，政务院颁布了《关于全国各级人民政府、党派、团体及所属事业单位的国家工作人员实行公费医疗预防的指示》，国家工作人员公费医疗制度全面确立；1955年，国务院颁布了《国家机关工作人员退休处理暂行办法》等

---

① 陆学艺：《社会主义道路与中国农村现代化》，江西人民出版社1994年版，第85页。
② 陆学艺：《社会主义道路与中国农村现代化》，江西人民出版社1994年版，第79页。
③ 王春光：《中国农村社会变迁》，云南人民出版社1996年版，第118页。

四个相关文件，国家机关、事业单位职工退休制度由此确立；此后，1957年，国务院颁行了《关于工人、职员退休处理的暂行规定》，1958年，颁行了《关于工人、职员退职处理的暂行规定》，企业职工退休养老成为一项独立的制度安排。与此相对照，国家在农村地区建立起的则是县—乡（人民公社）—村（生产大队）三级医疗保障网，具体内容则仅限于基础合作医疗和五保供养制度①。城乡在制度上是隔离的，在流动上是阻断的。《中华人民共和国户口登记条例》明确规定，农业户籍人口非因招工、入学等有限的途径无以获取户籍变更机会。城乡之间男女通婚，女方是农业人口的，其子女随女方申报农业户口，不得进入城市定居；男方为农业户口的，亦不能迁居入城。在那个年代，丧失非农户口是一项极重的惩罚，其后果是相当严重的，这便在事实上更加阻断了城乡居民通婚的可能。"权"与"籍"高度整合，封闭运营。然而，"籍"也罢、"权"也好，二者都不是后致性成就，几乎个人后天的努力无涉，而完全取决于先天或国家的制度安排。城乡之间的社会流动被阻断，甚至于简单的地理位移也受到很大的限制。郭书田、刘纯彬用"就地消化"高度概括了当时城乡流动的特点与制度策略：20世纪50年代的就地消化以"盲流"问题为特点；60年代的就地消化以"遣返原籍"为特点；70年代的就地消化以社队企业的"三就地"②方针为特点；80年代的就地消化以"离土不离乡、进厂不进城"为主要特点。毫无疑问，"三就地"方针体现的依旧是城乡分割、封闭运营的旧有制度设计理念，城乡地域差别依然是最为重要的社会差别，城乡居民成为权益差异明显的不同社会身份群体。

---

① 依照《农村五保供养工作条例》，"五保"主要是对农村中无劳动能力、无生活来源、无法定赡养扶养义务人或虽有法定赡养扶养义务人，但无赡养扶养能力的老年人、残疾人和未成年人，实行"保吃、保穿、保医、保住、保葬"的一种基础的社会保障制度。

② 所谓"三就地"，是指队社企业的经营要就地取材、就地生产、就地销售。

第二节　城乡分割社会福利结构的新发展

学术界常以"双转型"来看待中国的经济社会变革——其一是指从计划经济到市场经济的转型，其二便是从传统社会到现代社会的转型，认为党的十一届三中全会之后的社会转型是一个涉及社会制度、体制机制整体的全面转型、升级。其中，包括中国社会福利制度体系与结构更新。变革是从经济领域开始的，而最终市场体制与机制在事实上超越了纯经济领域，渗透并从而极大地改变了中国经济社会的运行逻辑。正如倪志伟（Victor Nee）的市场转型理论所指出的那样，"从再分配向市场调节的转变，改变了权力和特权的来源，使直接的生产者（即企业家）相对处于了比再分配者（即干部）更有利的位置上"[1]。市场机制在更深意义上、更广泛的程度上改变了中国传统社会既有的分配方式、福利模式并极大地拓展了人的可行能力。

一　二元福利制度的路径依赖

"路径依赖"，诺斯以之形象地刻画制度产生的自我强化、自我维持惯性或者说制度的惰性。借助于"路径依赖"本书对形成并固化于改革开放之前的城乡二元结构至今仍能发挥重要的"制度阀"效应有了更直观的把握和理解。如前所述，建立于20世纪50年代末60年代初的城乡二元社会结构为户籍制度、统购统销的粮油供应制度、人民公社制度以及就业、兵役、婚姻、生育等制度的不断

---

[1] Nee, Victory. A Theory of Market Transition: From Redistribution to Markets in State Socialism. *American Sociological Review*, Vol. 54, No. 5, Oct., 1989, p. 663.

强化而形成了一个相对封闭和锁定的结构。其核心是人民公社制度、统购统销的粮油供应制度以及城乡分割户籍管理制度，最直观的制度后果就是限制劳动力等生产力诸要素在城乡之间的流动。而高度计划性、强干预性的人民公社制度注定了是一个无法自我维系、自我更新的结构，制度之间的相互强化也使之越来越僵化。"一大二公"、高度集权、强计划性的弊端不断被放大，不良现象开始不断滋生，落后的农业产业无力支持工业的高速运转，经济社会诸因素的叠加进一步恶化了其自身的生存环境并最终导致了人民公社制度的解体。1984年，中国历史上延续了长达20年之久的人民公社制度全面宣告终结。与此同时，1958年开始施行的统购统销的农副产品供应制度也终在30年后彻底结束了自己的历史使命。严格的户籍管理制度开始有所松动，城乡之间生产力诸要素的合理流动首先在劳动力流动层面上开始破冰。1984年中央一号文件明确指出，地方可选若干集镇进行试点，允许农民自理口粮到集镇落户，从事务工、经商、办服务业。

按照刘易斯二元经济模型，发展中国家城市现代工业部门相较于传统的农业部门具有无可争议的边际生产效率比较优势，两大部门之间在土地、资本等生产诸要素之间存在着巨大的不平衡性。在刘易斯看来，这种不平衡性引致了劳动力无限供给条件下农村劳动力向城市非农产业持续不断转移，直至传统农业部门的剩余劳动力被完全消化吸收，工农之间的工资趋于一致。这个时候，城乡差别才会逐步消失。党的十一届三中全会之后，以分田到户为主要形式的家庭联产承包责任制极大解放了农村的生产力，提高了农民的劳动积极性，彻底解决了"八亿农民搞饭吃，农民没饭吃"的难题之后，在城乡之间的流动桎梏松动的背景下，包括劳动力在内的生产力诸要素在城乡之间开始活跃起来。

制度演进是一个制度间相互影响、相互作用的复杂进程已在学术界取得了广泛共识。卡尔·波兰尼（Karl Polanyi）指出，经济并非像经济理论家宣称的那样是自足的，而是"嵌入"（embeddedness）于社会之中的，完全自发调节的市场经济——脱嵌（disembedding）是不可能的。马克·格兰诺维特（Mark Granovetter）主张把行为与制度分析置于正在运行的社会关系之中。市场机制一经确立，就迅速引致了中国城乡经济社会结构的连锁反应，虽也如威廉·菲尔丁·奥格本（William Fielding Ogburn）"文化堕距"（culture lag）所描述的那样有快有慢，但也总能见到新整合的努力与企图。

计划经济时代社会福利制度为"一体两翼"基本框架设计。"一体"，即以城镇单位福利为主体；"两翼"是指国家福利与农村集体福利，成板块分割、封闭运营[①]。城镇单位福利板块与国家福利板块的保障对象主要在城镇，保障全面且水平较高；农村福利板块更多停留于队社的集体互助，主要内容是合作医疗、五保户供养等有限方面。如前所述，计划经济条件下行政全能的单位制是一个无法自足的、锁定的结构，其特点是封闭、僵化并难以自我维系。1986年7月，国务院《国营企业实行劳动合同制暂行规定》的颁布，标志着计划经济"铁饭碗"时代的终结，并由此开始消除社会保障单位化的烙印，中国社会福利制度改革开始并逐步推向深入。1994年，《关于职工医疗制度改革的试点意见》，标志着医疗社会保险开始取代公费医疗与劳保医疗；1995年《关于深化企业职工养老保险制度改革的通知》以及1997年《关于建立统一的企业职工基本养老保险制度的决定》确立了"统账结合"的基本养老保障模式，职工需为自己的养老计划买单，市场机制开始进入职工养老保险领域；现在看来，住房商品

---

① 郑功成：《社会保障学》，中国劳动社会保障出版社2005年版，第71页。

化的城镇住房制度改革的影响已经远远超过了住房制度的自身预期。1980年，中共中央、国务院批转了《全国基本建设工作会议汇报提纲》，宣布中国开始实行住房商品化政策。1998年，《国务院关于进一步深化城镇住房制度改革，加快住房建设的通知》（国发〔1998〕23号）明确全面启动住房货币化改革，"经过1999年的过渡，2000年实物分配住房全面取消，居民成为住房的购买主体，中国真正进入住房消费时代和房地产市场超规模发展时期……'经营城市'理念出现并迅速为地方政府所推崇，在地方住房的推动下，全国各地掀起了房地产投资的热潮"[①]。由住房商品化催生的"房地产热潮"直接带动了城市土地的增值，土地由此成为"城中村"和城市周边社区的最大红利。

然而，医疗保险制度改革也好，养老福利保障制度变革也罢，终因"为国有企业改革配套"的制度设计理念局限而无法突破原有制度板块分割、封闭运营框架局限，无力实现城乡社会福利制度的一体整合，反而带来了更为尴尬的福利制度"碎片化"问题。

二　城乡劳动力流动与城乡分割福利制度的型变

发端于农村的中国改革在加速了中国现代化进程的同时直接引致了城乡二元社会结构的形变，在客观上上松动了中国严格的城乡制度分割壁垒。农民工福利短缺与可行能力问题受限放大并突显了城乡福利制度二元分割的弊端。"农民工"是中国城乡制度分割的产物，农民工现象一经出现，就因其独特性引致国内各界的极大关注，其中社会学界的贡献颇多。审视中国城乡劳动力流动的状况，大致可以概括为规模大、持续时间久以及农民群体结构内流动的特性。

[①] 景天魁、毕云天、高和荣等：《当代中国社会福利思想与制度——从小福利迈向大福利》，中国社会出版社2011年版，第276—277页。

一是规模大。中国农村剩余劳动力大规模流动始于1983年，尽管当时的政策还仅限于"离土不离乡，进厂不进城"，绝大部分的农村剩余劳动力为新兴的乡镇企业消化、吸收。"1983—1988年是农村剩余劳动力从农业向非农产业流动最快的时期……农村乡镇企业职工人数从1983年的3234.64万增加到1988年的9545.45万人，平均每年增加1262.16万……1989—1993年农村劳动力外出流动就业每年增长25%左右，1994—1995年每年增长在13%左右。"[1] 依据国家统计局公布的数据[2]，2013年全国人户分离人口总数为2.89亿，流动人口为2.45亿，这其中最主要的是农村流动人口。二是持续性强。自1983年开始出现大规模的农村劳动力向非农产业和城镇转移以来，这个趋势从来就没有中断过。

城乡劳动力流动并未自然触及既有的二元社会结构利益是中国城乡劳动力流动最为显著的制度性特征。笔者注意到，随着经济社会改革的不断推向深入，劳动力城乡流动的现实制度枷锁几乎已经完全破除，但这并不必然意味着城市新居民可以自然而然地获得与当地城市均等化的公共服务与保障。他们更多地集中在非正规部门[3]，从事一些城市居民不愿从事的《北京市劳动局通告〔1996〕第2号》详细规定了北京市外来务工人员获准使用的12个行业，如，民政（尸体整容工、尸体火化工、墓地管理员）、商业（制冷设备维修工、牲畜屠宰加工工等）、农业、林业、建筑，以及化工、冶金等行业的特定工种。1999年，《北京市劳动保障局通告

---

[1] 刘应杰：《中国城乡关系的变化和出路》，载陆学艺、李培林主编《中国新时期社会发展报告（1991—1995）》，辽宁人民出版社1997年版，第173—174页。

[2] 中华人民共和国国家统计局编：《中国统计年鉴2014》，http://www.stats.gov.cn/tjsj/ndsj/2014/indexch.htm。

[3] 参见苏振兴《拉美国家社会转型期的困惑》，中国社会科学出版社2010年版，第271—272页。通常用以指涉进入门槛低、无保障、以体力劳动为主、小规模操作的，诸如个体手工业者、小商贩、搬运工、鞋匠、保姆等行业。

〔1999〕第 8 号》但仍明确金融、保险、邮政、房地产、广告、信息咨询服务、计算机应用服务和旅行社等行业限制使用外来务工人员。农民工成为"二等公民"、城市"边缘人",受到诸多职业隔离与社会排斥。然而,农村剩余劳动力"非农化"流动的热情并未因"权"之不逮而稍褪,这似乎可以构成第四个主要的特征。从第一代农民工"进城打工、回乡花钱",到新生代农民工举家迁徙以"留下来"为明确目标的变化便是明证。我们近年在山东寿光市调查时了解到,缘起于三元朱村的冬暖式大棚蔬菜种植依然可以获得较高的生产价值,但现代农业种植同样面临后继乏人之困。年轻人的收入虽远不及其种大棚的父母,他们靠父母接济购房、买车,但留在城里确是他们与他们父母非常坚定的信念。刘易斯或许会感到困惑,城乡之间的边际生产效益差异已大幅缩小,中国劳动力已非无限供给且农村劳动力已经开始出现明显短缺,但农村人,尤其是农村年轻人进城之心从来都是坚定的。对中国人来说,从乡到城,达成的远不是简单的地理区位的迁移,它实现的是一种压抑了许久的社会地位向上流动的期许,在根本上与收入、待遇无关。这一点局外人是很难以理解的。

孙立平在考诸了 20 世纪 50 年代以来的城乡流动,尤其是 20 世纪 90 年代中后期的农民工流动之后,指出旧的"行政主导型二元结构"已经发生了改变,一种新的"二元结构",谓之"市场主导型二元结构"。在他看来,"近些年来新形成的'市场主导型二元结构'与原有的'行政主导型二元结构'叠加在一起,构成了现今农民工流动的基本结构性环境,这个结构性环境引发了农民工流动的一些新的特征"[①]。在孙立平看来,引致这一结构变化的是经

---

① 孙立平:《城乡之间的"新二元结构"与农民工流动》,载李培林主编《农民工:中国进城农民工的经济社会分析》,社会科学文献出版社 2003 年版,第 149 页。

济生活从生活必需品阶段向耐用消费品阶段转型的结果。李强的"三元社会结构"理论同样是在运用结构化理论视角进行农民工研究的实践中提出的。他认为,既有的传统二元结构理论出现了明显的缺陷,突出表现为无力解决当前实践中遇到的难题。因为,无论是从社会资源的配置还是单单依社会阶层分化而言,农民工都已经可以视为一个独立的、极具特色的社会群体,"流入城市的农民工,实际上突破了传统的城乡二元结构的束缚,开创了三元社会结构的先例"①。

"新二元结构"与"三元社会结构"都看到了经济领域的变革,特别是市场经济体制的建立完善有效扩大了农民工可行能力,看到了固化的城乡二元社会结构发生的一些可喜的变化。需要强调的是,传统的二元社会制度体系依然对乡村居民可行能力有着根深蒂固的桎梏,这些桎梏在事实上严重影响着乡村居民的福利、民生。对此,必须要有一个清醒的认识。

---

① 李强:《农民工与中国社会分层》,社会科学文献出版社2004年版,第368页。

第三章

城市蔓延与村落可行能力的增长

随着城乡间劳动力转移控制的弱化，中国城镇化开始逐步呈加速度增长，"城市蔓延"（Urban Sprawl）呈蛙跳式迅速扩张态势，并直接大量催生了"城中村"和村改居社区。笔者注意到，城市地理区位的扩展与蔓延，村落边界突破、村落及其居民可行能力的增长并未自然引致城乡二元社会福利制度整合。

第一节 城市蔓延与城乡福利制度分割的深化

从城市化进程及其演进路径来看，欧美先行城市化国家启动时间早，城市化与工业化具有较高的同步性。英国是世界上第一个完成工业化的国家，也是最早实现城市化的国家。1801年至1851年，英国城市人口从占比33.8%增长为54.0%[1]，基本实现城市化。美国城市人口比重从1870年的25%提高到1920年的50.9%[2]，也用

---

[1] 新玉言：《国外城镇化：比较研究与经验启示》，国家行政学院出版社2013年版，第28页。
[2] 新玉言：《国外城镇化：比较研究与经验启示》，国家行政学院出版社2013年版，第38页。

了半个世纪的时间。而法国的城市化进程相比同是欧洲国家的英国则更为平缓，基本实现城市化的时间比英国也晚了大约 80 年。

中国的城市化启动较西方先行城市化国家要晚得多，过程也要复杂得多、曲折得多。依据《中国统计年鉴 2014》，1949 年，新中国的城镇人口占比只有 10.64%，近九成人口居住在农村，以农业为生。20 世纪 50 年代，受工业化推动，以及尚未有严格的城乡流动的制度化设置。此后受自然灾害、知识青年上山下乡以及"一国两策"的城乡政策的影响，城镇化水平持续徘徊在 17%—18%。直到 1979 年，城镇人口占比重又攀升至 18.96%，1980 年达到 19.39%，基本恢复到 1960 年的城市化水平。1981 年，在改革开放与统分结合的家庭联产承包责任制新政的实施背景下，中国城镇人口占比首次超过 20%，并由此克服了"遣返原籍""知识青年上山下乡"等"反城市化"问题，中国城市化开始走上了城市化演进的正常轨道。1996 年，中国城镇人口占比首次突破 30%，达到了 30.48%，中国驶入了城镇化的快车道。2011 年，这是中国城镇化史上具有里程碑意义的纪元，这一年，中国城镇人口占比历史性突破 50%，达到了 51.27%，并由此进入了一个以城市生活为主导的新成长阶段。中国用短短 30 年的时间，走完了西方城市化先行国家半个世纪甚至更长时间走过的历程，年增长超过 1.3 个百分点。

一　城市蔓延与潍坊城市发展

美国城市规划界最早注意到了城市蔓延问题，并对美国城市的演进、城市化实践做了大量理论与实证工作，形成了一批有影响的学术成果。城市蔓延通常是与城市建设用地的非理性增长以及城市周边分散式发展相关联，与之伴生的则是环境保护等诸多问题。而"精明增长"（Smart Growth）作为城市蔓延的一种应对策略，则强调紧凑型增长、内涵式发展。美国伊利诺斯大学华裔教授张庭伟把这组相对的概念策略应用于中国城市规划与城市化研究，并以此作为分析工具对中美城市规划与城市发展做了很有意思的比较。借鉴城市规划学派的经典分析范式，有利于更为清楚地说明中国城乡演进的二元制度背景，厘清论文的分析脉络。

精确的定义"城市蔓延"不是一件容易的事，即使在美国城市规划界也从未能达成一致。在美国经济学家与城市学家安东尼·当斯（Anthony Downs）看来，城市蔓延只是郊区城市化的一种形式，它以城市边缘极低人口密度的扩展与城市建设用地的占用为主要特征。理查德·莫尔（Richard Moe）则进一步明确城市蔓延的特征为"低劣的用地规划，消耗土地多，依赖于小汽车交通，建筑设计不顾周围环境"[①]。张庭伟视城市蔓延为一个全球问题，非欧美国家城市化进程所专有。在他看来，基于国情与发展水平，中国的城市蔓延与欧美国家有非常大的差别，控制城市蔓延的出发点也就存在着极大的不同，欧盟主要出于保护自然环境的动力，美国则是从社会过度分化与保护生态环境出发，而中国更多则是基于保护耕地或保证农业生产的考量[②]。

毋庸置疑，"城市蔓延"与"精明增长"为中国城市发展与城市规划提供了一种新的视角，有助于对中国快速城镇化发展进程以及当下新型城镇化政策更为精确地理解。当然，概念上的澄清与中西城市化模式选择与路径差异上的梳理仍是十分必要的。严格来讲，郊区城市化与城市向城郊的延伸不是一对可以相互置换的概念。一般说来，郊区城市化是城市化进程中的一个特定发展阶段。在中国，城市蔓延被形象地称作"摊大饼"，与"内涵式"城市发

[①] Richard, Moe. 1995 in Dwight Young, *Alternative to Sprawl.* Cambridge, MA: Lincoln Institute of Land Policy.

[②] ［美］张庭伟：《控制城市用地蔓延：一个全球的问题》，《城市规划》1999年第8期。

展策略相对。中国原本是一个城市化率极低、人口规模庞大且工业化已经取得较大发展的发展中大国，城市化是一项极其迫切的需求。因此，城市化已经启动就必然出现大规模人口城市聚集的现象，规模与速度也是史无前例的。城市周边大量的农田迅速转化为城市建设用地，转化后土地的利用看起来又是极其粗犷与松散的。在张庭伟看来，中国城市化区域的迅速蔓延与种类繁多的各式"开发区"，诸如，高新技术产业园（High-tech industry park）、保税区（Tariff-free district）、专业经济发展区（Special economic development zone）的设置密切相关，往往都是在广袤的农田上迅速发起起来的。依据有关资料[①]，中国规模以上城镇1985年为324个，1995年为640个，10年时间数量几乎翻了一番；城市建成区面积1985年为9836平方千米，1995年扩张为19264平方千米，翻了不止一倍；而且此后扩张势头不减，到2013年全国城市建成区面积已经达到了47855平方千米，近乎1985年城市建成区面积的5倍，绝对增长数量相当于每年增加1985年城市建成区面积的近1/4，2013年单年度城市建设征用土地面积就达到1831.6平方千米。

各类开发区在中国城市化史上具有十分特别的意义。1991—1992年期间，全国各类开发区的数量由117个激增为8700个，占用土地16000平方千米。也正是在这期间，经潍坊市委、市政府决定，成立潍坊市高新技术产业开发区。1992年，潍坊市高新技术产业开发区（以下简称"高新区"）获批国家级开发区。潍坊市高新区"建在东环路（今新华路）以东，坊央路以西，烟潍路以南，东风大街以北。该地段南北长3千米，东西宽2.5千米，总面积8

[①] 依据国家统计局编《中国社会统计年鉴》（1986—2014年）。

平方千米"①。文件指出，开发区建设分三步走，起步阶段建成 2 平方千米，主要是"七通一平"等配套基础设施建设；发展阶段要达到 5 平方千米，要求统筹安排公共设施；完善阶段要全面实现发展目标。得益于后见之明，我们可以看出当时市委市政府对于开发区的发展目标的制定还是相当审慎的，在时间表上也只是明确到"八五"末要完成起步工作。其时，高新区规划区域还是广袤的田野和散落的农庄。随着企业的入驻和一批项目的落成，高新区开始聚拢人气。1992 年，潍坊新立克集团公司与美国亚洲娱乐有限公司合资兴建，集吃、行、游、购、娱于一体的潍坊富华游乐园落成运营，该游乐园位于北海路以东、东风街以北，交通便利，为水平先进的现代化大型主题游乐园，一期占地 20 多万平方米，享有"山东省十大魅力景点""齐鲁第一园"等美誉。1996 年，潍坊市政府与大型民营企业泛海集团共同筹资创办了公助民办高等院校"潍坊渤海大学"（后更名山东渤海进修学院），地处东风街以北、坊央路以西。高新区通过"无费区"等政策减免以及"千人计划""双百计划"等人才计划不断"筑巢引凤"，加之"通勤补贴"等"高新补助"，新区房产价位优势等，高新区迅速成为潍坊的活力新城区。

1998 年潍坊市委市政府迁址高新区（地处北海路以东，东方路以西，胜利街以北，东风街以南，并在新综合办公大楼正前方建有人民广场），并在胜利街以北、金马路西以及胜利街以南、东方路与金马路之间先后规划建成了北海花园一期、北海花园二期两个家属院，给出了新潍坊城市建设中心东移的明确信号。这一年，潍坊市区建成区面积达到 64.6 平方千米，人口 60.9 万人②，不再是

---

① 见中共潍坊市委文件《中共潍坊市委 潍坊市人民政府关于建立潍坊高新技术产业开发区的决定》（潍发〔1991〕43 号）。

② 姜国栋：《潍坊市城市规划工作成绩突出》，《城市规划通讯》1998 年第 10 期。

新中国成立之初的 5 平方千米的小县城。2000 年潍坊学院成立,并入原山东渤海进修学院教育资源并以该校区为主校区。潍坊学院在很大程度上承继了原校区既有的规划设计方案,并迅速扩大了办学规模,在校生一举突破 20000 人之多。政府东迁与大学的升格扩建聚拢了人气、提升了地价,也加快了高新区的城市化进程。高新区成立之初的"潍发〔1991〕43 号"文件制定的"五平方千米""八平方千米"的规划格局已经不能满足高新区的需求,甚至成为发展的桎梏。为此,潍坊市委市政府 2000 年(潍发〔2000〕22 号)、2009 年(潍办发〔2009〕16 号)和 2011 年(潍发〔2011〕16 号)先后三次调整高新区行政区划,高新区版图的进一步得到扩张[1]。为进一步发挥高新区在工业和城市化建设中的牵引、带头作用,2009 年(潍办发〔2009〕16 号)文件明确将"高新区新城街道北海路以西,北宫街以南,新华路以东,张面河以北 6 个村(十里堡、赵疃、南湖、南湖东、南湖西、北湖)和新华、圣利两个社区,划归奎文区管理"[2],并将奎文区廿里堡街道的钢城经济发展区整建制(共 12 个村)划归高新区管理。部分建成区划归奎文,而部分非建成区划入高新区管线范围以内。而随着潍坊一中迁址宝通街、高新区管委会东移潍安路新址,新一轮的城市建设与城市开发热潮再起。高新区从无到有,从小到大,已经完全由昔日的农田、农舍彻底蜕变为魅力新城区。

诚如张庭伟指出的那样,开发区在中国城市建设与发展进程中发挥了不可替代的导向、牵引作用。而在潍坊,起着这种牵引作用的不止高新区一个。潍坊滨海经济技术开发区,位于潍坊北部沿

---

[1] 调整之后的高新区管辖边界大致为新华路以东,通亭街以南,张面河、健康街以北,寒清路以西区域。

[2] 见中共潍坊市委办公室文件《中共潍坊市委办公室 潍坊市人民政府办公室关于调整奎文区和高新技术产业开发区管理区域有关问题的实施意见》(潍办发〔2009〕16 号)。

海，是国务院、省政府确定的海洋经济新区，是潍坊滨海海洋经济新区的核心区。党的十八届三中全会之后，潍坊市委市政府审时度势，视滨海为新常态下潍坊发展最大的空间和平台，开始举全市之力突破滨海。峡山生态经济发展区组建于 2008 年，西与潍坊高新区毗邻，是潍坊市主要水源地和"蓝黄"两区的战略水源地，该区以生态、可持续发展为着眼点，四个小城镇特色突出，产业支撑与辐射带动能力强，城市基础性、服务性作用初显。潍坊综合保税区位于潍坊市中心区的东部新区，成立于 2011 年，是经国务院批准的、全国第 14 个国家级综合保税区。山东潍坊经济开发区位于潍坊核心市区北部成立于 1994 年，2006 年 4 月经国家发改委审核确认为省级开发区。

通过超前的城市发展规划，以及各类开发区牵引带动，潍坊城市化区域呈"蛙跳式"蔓延，改革开放之后，特别是 20 世纪 90 年代以来，市区建成区面积迅速膨胀，新中国成立之前还只是 5 平方千米的小县城，1998 年已经是近 65 平方千米的中等城市，到 2012 年，已经成长为建成区面积 157 平方千米，常住人口过 200 万的大都市了。

应当指出，中国以开发区为牵引的城市规划与城市蔓延虽在初期与欧美作为特殊郊区城市化类型的城市蔓延有形似之处，诸如人口低密度、分散式发展，等等。但二者存在着一些本质的不同。其一，欧美城市蔓延多是城市化区域无规划的、自发的甚至是盲目的扩张。而中国以园区布局，以项目牵引的城市蔓延看似星罗棋布，实则是谋定而后动，步步规划、处处匠心。这既可归因于中国长于规划的传统，亦得益于我们的后发优势、后见之明。其二，中国的城市蔓延早于城市郊区化阶段。中国社会学界普遍认为，改革开放之后，中国的城市化大致可以分为三个发展阶段。第一阶段以非农化为主要特征，大约处在 1978—1985 年这个时段之内；第二阶段是

1986—2000年，以农业人口向城市聚集为主要特征；第三个阶段始于21世纪，以城市规模迅速扩大和城市群的出现为主要特征。李培林指出："中国目前实际上处于'郊区城市化'的阶段。在这一阶段，一方面大量从农村向城市集中的人口由于生活成本的原因聚集到郊区村落居住；另一方面，由于城市中心生活环境恶化（交通污染、高房价和高租金、喧闹和噪声等），一部分城市中、上阶层人口向市郊或外围地带移居。"[①] 也就是说，21世纪以来，更确切地说是2011年中国城镇人口首次超过50%以来，中国的城市化才刚刚摸到城市郊区化的门槛。但城市蔓延作为一种城市化区域拓展的事实，在中国大地上却算不得什么新鲜事。武断一点，我们甚至可以说，中国快速城镇化的进程始终与城市蔓延相伴。

然而，中国城镇化是依靠政府外力启动并直接推动的，其间城镇化的方略、重点几经摇摆，重形式轻内涵，侧重量的提高而轻视质的升华，远未涉及既有的城乡社会福利制度体系的整合与深层次变革。时至今日，"中国的城镇化，主要包括已有城市的现代化和农村城镇化两大主题"[②]，既有"就地消化"仍然是一些地方政府的惯性思维，未能突破当年小城镇优位发展的定势，对城市病的恐惧令其看不到城市集聚效应。二元化城镇化策略是"城市本位""重城轻乡"政策思维的一个变种，是在不深层触及城乡结构利益基础上的结构调整策略，无法跳出城乡福利分割的制度窠臼，非但无助于城乡结构矛盾的最终解决，反而使得既有的对立、矛盾与冲突复杂化。正如有学者指出的那样，"城镇化过程中忽视了中国独特国情下城乡二元结构问题；未能从现阶段经济和社会发展水平的

[①] 李培林：《城市化与中国新成长阶段》，载《当代中国城市化及其影响》，社会科学文献出版社2013年版，第6页。

[②] 王梦奎、冯并、谢伏瞻：《中国特色城镇化道路》，中国发展出版社2004年版，第119页。

基本状况出发,为农村劳动力向城镇转移创造就业环境和生存条件"。①农民几经争取获得的也还仅限于城乡流动的自由,户籍制度及其依附于户籍制度之上的公共服务、社会福利制度改革难度远超预期。

而分割的、不平等的城乡二元制度体系显然构成了建构一种普适、共享、整合的福利制度体系的主要壁垒。城乡二元结构(制度)是中国城乡关系长期不平等关系的制度根源。党的十一届三中全会以后,农村家庭联产承包责任制"以巧妙的方式重新界定了土地,从而使市场得以启动……"②农村重获生产经营自主权和一定的流动自由,城乡关系20世纪80年代初一度出现缓和。然而即便在那个时期,重工轻农重城轻乡的思维定式仍未得到扭转,城乡之间资源配置上的不平衡问题十分突出。"据推算,'六五'期间农民向国家提供的各种资金达3000亿元,平均每年600多亿元,而农业投资绝对数由1979年的57.9亿元下降到1986年的38.4亿元。"③近年来,随着国家对农业的重视,农业转移支付力度加大以及农业税费制度改革直至免除农业税等一系列惠农政策的实施,农民纯收入增长速度加快,农民生活也有了改善,但中国城乡差距依然巨大,且有扩大的趋势(见表3—1和表3—2)。1985年,中国城乡居民收入是1.86:1,到2010年这个收入差距达到了3.23:1。2013年城市居民人均可支配收入是26955.1元,同期农村居民人均纯收入仅为8895.5元。中国城乡居民的消费差距及其发展是一条与城乡收入比高度同构的曲线,且农村居民的恩格尔系数更高,有

---

① 国务院发展研究中心课题组:《中国城镇化体制机制及若干政策建议》,《新华文摘》2008年第4期。
② 吴敬琏:《序言》,载青木昌彦《政府在东亚经济发展中的作用——比较制度分析》,中国经济出版社1998年版,第4页。
③ 刘纯彬:《中国社会各种弊病的根子在哪里》,《中共山西省委党校学报》1988年第4期。

超过41%用于食品等生活必需品的支出。

表3—1　　　　　　　中国城乡居民收入水平对比　　　　　　单位：元

年份	1980	1985	1990	1995	2000	2010	2011	2012	2013
城镇居民人均可支配收入	477.6	739.1	1510.2	4283.0	6280	19109.4	21809.8	24564.7	26955.1
农村居民人均纯收入	191.3	397.6	686.3	1577.7	2253.4	5919.0	6977.3	7916.6	8895.9
城乡居民收入比	2.50	1.86	2.20	2.71	2.79	3.23	3.13	3.10	3.03

资料来源：国家统计局官网：《中国统计年鉴2014》，http：//www.stats.gov.cn/tjsj/ndsj/2014/indexch.htm。

表3—2　　　　　　　中国城乡消费水平对比

年份	1985	1990	1995	2000	2002	2004	2006	2008	2010	2011	2012	2013
城乡消费水平对比（农村居民=1）	2.2	2.9	3.8	3.7	3.6	3.8	3.6	3.5	3.5	3.3	3.2	3.1

资料来源：国家统计局官网：《中国统计年鉴2014》，http：//www.stats.gov.cn/tjsj/ndsj/2014/indexch.htm。

21世纪以来，中国在城乡公共服务均等化、和谐社会建设方面做了大量有益的工作，"破除城乡二元体制将成为中国发展史上产生深远影响的重大举措"[1]渐成主流社会共识，但出于制度的路径依赖以及城乡二元的思维定式及政策习惯，"二元体制的突破成

---

[1]　李培林等：《当代中国民生》，社会科学文献出版社2010年版，第13页。

为了中国未来社会发展最大的攻坚点"①。我们注意到，城乡公共服务的制度分割与社会保障制度"碎片化"严重；户籍制度改革攻坚不利；城乡社会二元结构与"新二元结构"② 问题、"村改居"与"城市新居民"③ 问题日益凸显，在既有的制度框架之内恐难以突破城乡二元的桎梏。"不能孤立地对待农村发展或城市发展，也不能把农村问题的解决限定在农村本身"④，只有突破城乡的制度藩篱，才能最终有利于城乡问题的根本解决。

二 城市规划理念定性城市发展格局

潍坊地处山东半岛中部，扼胶济铁路、青银高速（原济青高速）之咽喉，西接淄博、济南，东临青岛、烟台，南依沂山，北濒莱州湾，为山鲁东、鲁西以及山东半岛南北路上通道的交会点，交通便利，位置地处交通与经济要冲，18 世纪已成鲁东商业重镇。在车马为主要交通工具的时代，西去济南与东到青岛的客商皆须在潍坊市（旧潍县）打尖住店，也因此成就了潍坊发达的服务业。潍坊现辖潍城、奎文、坊子、寒亭四区，青州、诸城、寿光、安丘、高密、昌邑六市，临朐、昌乐二县，设有潍坊国家高新技术产业开发区、潍坊滨海经济技术开发区、潍坊综合保税区 3 个国家级开发区，以及国家发改委审核、享有地市级经济管理权限的省级开发区——潍坊经济开发区和"国家可持续发展实验区"、山东省首家

---

① 林聚任、王忠武：《论新型城乡关系的目标与新型城镇化的道路选择》，《山东社会科学》2012 年第 9 期。

② 孙立平：《城乡之间的"新二元结构"与农民工流动》，载李培林主编：《农民工：中国进城农民工的经济社会分析》，社会科学文献出版社 2003 年版，第 149 页。

③ 林聚任、马光川：《"城市新居民"市民化与"制度阀"效应——一个制度分析的视角》，《人文杂志》2015 年第 1 期。"城市新居民"指的是实现非农转移并进城务工或定居，以及整体实现"农转非"的城镇人口。

④ 林聚任、苏海玲：《城乡一元观》，《开放时代》2009 年第 8 期。

"国家有机产品认证示范创建区"——潍坊市峡山生态经济发展区。辖区总面积1.61万平方千米,辖区常住人口921.61万,其中市辖区常住人口207.62万。市区建成区面积157平方千米[1],相比于新中国成立前老潍县县城扩展了足足30倍有余。潍坊还是山东半岛制造业基地,潍柴发动机使之成为国家动力之城。潍坊是历史文化名城,世界风筝之都。潍坊已成为工农业发达、交通便利的现代化都市,早已不复新中国成立前那个简陋的"半城半乡"老县城旧貌。

新中国成立以后相当长的一段时期内,城市性质是由工业属性界定的。其间,城市建设也是围绕工业发展来组织的。据记载,潍坊市境历代官府均未设计划管理机构,城市建设亦从未有过明晰的规划。这一境况随着新政权的建立得以彻底改变。如前所述,中国的现代化是在内忧外患的时代大背景下启动的。政府主导的、有计划的赶超是所有"后发型"现代化国家的共同特征,中国自不能例外。工业优先,尤其是重工业优先是新中国成立之后相当长一个时期的发展战略。工业化战略也体现在潍坊市的城市建设规划与发展进程之中。

1958年,潍坊市制定了自己的第一个城市建设规划——"以发展冶炼、机械工业为主,同时发展电力、燃料、化工以及消费生产的综合城市,规划人口50万"[2]。全市向西北方向发展。1978年12月,制定了第二个城市规划[3],明确城市性质为工业城市,以发展动力机械、纺织、电子工业为主。第三个城市规划出台于1984年12月,城市性质明确为综合新兴工业城市,规划为轻纺、电子

---

[1] 潍坊市统计局、国家统计局潍坊调查队:《潍坊统计年鉴2013》2013年版,第23页。
[2] 山东省潍坊市潍城区史志编纂委员会:《潍城区志》,齐鲁书社1993年版,第155页。
[3] 一说1960年,潍坊地方政府还曾经出台过一个城市规划,但由于恰逢经济困难未能执行,其内容较第一个规划亦未有明显改进之处。

机械工业为主。规划明确潍城西部和北部为工业区，仓库区设在铁路以南；市区东部为文化区。白浪河沿岸为城市公共建筑中心，商业中心在和平路、向阳路、四平路以及东风街、胜利街围成的城市中心区域。第四个规划是《潍坊市城市远景规划》，该规划由同济大学与潍坊市规划设计研究院在1993年共同完成，并于1995年执行，规划时限是2050年。城市定位是，"以高科技产业为主体，集现代化工业、商贸、交通枢纽为一体的特大型城市"[1]。届时，潍坊市市区人口将达到160万人。

潍坊市现在执行的是《潍坊市城市总体规划（2006—2020）》，也是潍坊市第五个城市建设规划。该规划由同济大学教授陶松龄主持，同济大学与潍坊市规划设计研究院等六家单位共同设计完成。该规划出台的背景是，一方面，20世纪90年代中期以后，受市场经济因素推动、农村剩余劳动人口城乡流动的制度松动等因素影响，中国城镇化步入了快车道，城镇人口迅速扩容、城镇规模迅速扩大、行政区划亦发生了较大的变化。另一方面，城市发展变化速度之快，变化之大已经超出了《潍坊市城市远景规划》原初的预期。新规划把潍坊市定位于"山东半岛城市群的区域中心城市"，城市的发展目标是，"建设世界风筝都，扩大城市品牌效应"，"建设生态园林城市，促进城市可持续发展"。城市功能定位为："两基地、两中心、一枢纽"[2]。潍坊市城市空间建构"一心、一环、一廊、一轴"的结构模式。"一心"是城市中心，指由月河路、北宫街、北海路、健康街所围合城市区域。又该规划可以看出，包括中上虞河社区在内的奎文区广文街道整建制进入了规划城市中心区。

---

[1] 昝龙亮：《潍坊市城市远景规划编制完成》，《城市规划通讯》1994年第8期。
[2] 即：以海洋化工、动力机械、纺织和高新技术产业为基础的现代制造业基地；以高级职业技术教育为特色的文化教育产业基地。具有国际影响的世界风筝文化传播交流中心；半岛地区重要的商贸物流中心。

"一环"是指由长松路、玄武街、潍县路、宝通街组成的城市快速交通环。"一廊"，由白浪河、虞河两岸绿化带及两河之间的绿地构成贯穿"一心"的中央绿色生态廊道，"一轴"，由北海路向北延伸连接滨海新城的经济发展轴。中上虞河社区地处虞河沿岸，又处在北海路经济发展轴心。

纵观潍坊市城市发展史上的五个付诸执行的五个城市规划方案，前四个方案的城市性质都是以工业来定义，体现了国家"重工""重城"的基本发展思路，前三个方案都是在政府主导下制定并组织实施的，1958年方案更是在国家建工部直接参与、帮助下制定的。而后两个方案，尤其是2006年方案更多地融入了城市规划设计专家的意见，城市的功能定位也更加以人为本而不是唯工业论。更为重要的是，通过先后五次城市建设规划的实施，我们可以清楚地看到中上虞河社区如何由一个昔日偏远的城郊村，如何逐步亲近、相融于都市中心的发展路径。

第二节 案例社区的边界突破与可行能力的增长

在传统研究当中，乡村通常是与都市相对，被看作是保守、封闭和慢节奏的，带有非现代、僵化之类的负面意涵。然而，快速城镇化、蛙跳式的城市蔓延看似远未触及二元城乡的"超稳定结构"之下，是中国城乡社会福利制度的深层互动与持续冲撞。边界，意味着制约、限制。边界的突破，在本质上是某种可行能力的拓展。村落边界的突破，表征的是村落及其居民可行能力的增长。由近郊村到城中村，案例社区作为一个村落共同体，其地理的、文化的、经济的、心理的、社会的边界不断被突破，村落的可行能力也几乎以肉眼可以辨识的速度增长。然而，中国城乡分割社会福利供给模式未发生根本改变的前提下,这样的突破和可行能力的增长还相当有限。本节以潍坊市中上虞河社区村居变迁实践为脉络主线,为后续研究提供一个相对直观的标靶。

一 案例社区向中心城区的位移及其自然边界的突破

传统的村落共同体往往有一个清晰的边界,地理区位、农地的分界、共同的文化或成员的心理认同,或者如施坚雅坚持以农村基层市场做出内与外的区分。边界是共同体的象征,甚至是一个共同体存续的依据。在《村落的终结——羊城村的故事》一书中,李培林专题讨论了一个完整村落共同体的边界问题,在他看来,传统村落的文化的、社会的、行政的、自然的和经济的边界是清晰的、可以辨识的,"文化边界基于共同价值体系的心理和社会认同;社会边界是基于血缘、地缘关系的社会关系圈子;行政边界是基于权利自治或国家权力下乡的管理体系;自然边界是基于土地权属的地域范围;经济边界是基于经济活动和财产权利的网络和疆域"[1]。基于对"羊城村"村落终结的进程分析,李培林指出,村落边界的开放进程,综合表现为村民生产生活参与方式演变的进程,其实质上农村社区由传统、封闭逐步走向现代、开放的进程。[2]

城乡分界上的考察或许不足以最为典型的展示城与乡的分野,有时甚至难以用肉眼清晰地辨识城与乡的界限。但城乡接合部的研究对城乡变迁研究来说却有着难以替代的意义,它是城乡变迁动态地、生成地并最为直观地展示。城乡变迁的路径与机制既是深嵌于社会结构之中,既体现着制度顶层设计的理念,又可以在更微观层面展示各参与主体的制度博弈与现实选择。城乡演进研究,常被赋

---

[1] 李培林:《村落的终结:羊城村的故事》,商务印书馆2004年版,第39页。
[2] 李培林:《村落的终结:羊城村的故事》,商务印书馆2004年版,第42页。

予透视城乡互动结构、展示城乡变迁进程、发现城乡变迁的模式、探究城乡变迁路径方向的意义。德国地理学家赫伯特·路易斯（Harbert Louis）对城乡接合部研究情有独钟，加拿大学者麦基（T. G. McGee）对 Desakota 模型研究乐此不疲，李培林的"'羊城村'的故事"如此引人入胜，概因如此。基于相同的研究旨趣，本书可以看作是同一话题在不同时空下的对话与延续。

潍坊是中国东夷文化的发祥地，远在5000年前就有人类在这里居住生活。明清以迄民国为潍县县城，1949年6月，改称潍坊市。旧址沿白浪河两岸，分东西二城，广义上称"西城东关"。西城是真正意义上的城，始建于汉。初为土城，至明崇祯十二年（公元1639年）改建为石城。有东朝阳、西迎恩、南安定、北望海四门，旧为县衙治所所在地和名门望族居住栖息之所。"豪绅大户多居于西城，显要中心地段，皆为厅厢廊庑建筑群所占据，高大门楼随处可见。仅丁、张、陈、郭四大地主即拥有瓦房4139间……"[①] 东城又称为东关围或东关邬。东城原本无城，清咸丰年间（公元1861年）围成城圈子。西城为政治、经济、文化中心，而东城则为大众商贸区，相当于主城区之外设立的开发区。东关城围内小工商户居多，小街窄巷，土屋草房连片。老潍县旧城街道狭窄，除朝阳门内坝崖街等极少数石铺路段外，皆为土路。新中国成立之前，老潍县建成区面积只有5平方千米。

老潍县古为鲁东重镇，商贸极其发达。1906年潍县辟为商埠，为山东省六大商埠之一，为辐射周边的渔盐、海鲜、布匹、杂货的批发市场，和农副产品的收购、加工、转口的集散地。新中国成立之前，潍坊市镇和定期集市数目大为增加，潍县大集即为其中最大

[①] 山东省潍坊市潍城区史志编纂委员会：《潍城区志》，齐鲁书社1993年版，第155—156页。

的集贸市场。潍县大集地处白浪河西岸，南起奎文门（现在的百货大楼、银座）、北迄现今福寿街，沿河绵延数里。逢五排十，鼎盛时有 10 万—15 万人规模之巨。由此也可以看出，当时的城区边缘人员稀少，交通便利便于辐集。后来由于城市发展，人口增多，交通拥堵等问题开始显现，潍县大集逐步外移。今天的潍县大集在北宫街上，虽还保留了旧称，但已不复当年万人集市的盛况。

施坚雅（G. W. Skinner）认为，中国农村的社会结构要通过基层市场体系来把握，孤立的村落分析并不足以囊括中国农民社会活动的全部实践。他把研究的关注点放在基层市场及其辐射的整个区域，称之为"基层市场社区"（standard market community）。他指出："中国的市场体系不仅具有重要的经济范围，而且具有重要的社会范围，特别是基层市场体系，他的社会范围对于研究农民阶层和农民与其他阶层间的关系都值得给予极大关注。"[①] 中上虞河社区位于潍县城东 3 千米处，为虞河以东乡村通往县城、潍县大集要冲，其村西马家桥[②]因附近无大桥而成为虞河以东远近村落过河、进城的必经之地。过马家桥往西北方向到东关邬东门（今潍州路中医院附近）进城、集市；往南偏西方向通往李家村、今潍坊市人民医院[③]南门。马家桥为沟通虞河东西两岸的交通要道，每逢集日，更是马拉人推、大小车辆、人来人往络绎不绝。中上虞河社区地处城郊交通要冲，比起乡村僻野偏远地区来说有其交通、区位上的优势，社会生活中隐含着城市文化的色彩，联姻、办事、商业交流亦有较传统乡村更多的便捷之处。这于中上虞河社区有着莫大的影

---

① 施坚雅：《中国农村的市场和社会结构》，史建云 徐秀丽译，中国社会科学出版社 1998 年版，第 40 页。
② 相传为中上虞河村及周边村民集资捐建，长 7.5 米，宽 2.8 米，三孔石桥，两端设有石柱。因地处中上虞河村西，村中马姓皆凭村西而居，俗称马家溜子，故得名"马家桥"。
③ 潍坊市人民医院始建于 1881 年，为美国北美长老会所办，称乐道院。后几易其名，于 1984 年 1 月 1 日，改称潍坊市人民医院至今。

响，无论是信息沟通、城乡衔接抑或村民的饮食起居，并较早唤起了中上虞河社区的经商意识。改革开放之后，中上虞河社区兴办了几家效益不错的村办企业，还开设了一家资质不错的酒店，其不错的商机捕捉能力大概也与早年商业意识的浸淫不无相关。

中上虞河社区原名上于河庄，祖上由小云南迁徙而来。据社区韩姓、马姓族谱记载，其先祖于明洪武二年（己酉年，公元1369年）自小云南乌撒卫迁居于此，后子嗣繁衍，人丁兴旺，因位于虞河的上游，立村曰虞河店。清康熙五十四年（乙未年，公元1715年），潍县城西关王氏一脉迁居于此。清初，于河庄析出东西上于河两村后，改称"中上于河庄"。民国之后，陆续有张、李、丁、陈、郭、程、高、谭、潘、魏、崔等姓氏迁居该村，但该村人口仍以韩、马、王三姓为主。其中韩姓最多，占全村人口的近六成。1984年，昌潍地区地改市改称潍坊市，中上于河大队遂改称中上虞河社区。

中上于河庄偏居老潍县县城以东3千米，为典型华北村落。村落居虞河之阳，呈东西走向布局，东西长、南北略窄，错落有致。村中有中心大街纵贯东西，大街东西长310米许，南北宽8米许。中心大街是村落经济文化生活的中心区域，大街中段路北有古关帝庙一座，坐北朝南，相传颇有灵性，香火不断。中心大街亦为村中商业街，虽不繁华，却也有几处经营不错的油、盐、酱、醋等日用百货小商铺。沿街有百年古槐五株，颇为葱郁，为村民饭后纳凉、闲话的去处。村北边有后街，村南边有小前街，村中小巷若干贯穿，虽不足以行车马却也四通八达。中上于河庄地处昌潍大平原，地势平坦地下水位极浅，村中有村民自挖水井五眼，散布于村中角落，供村民生活自用。井口无常形，或圆或方。中上于河庄凭河而居，虞河由东南向西再向北绕村而过，是村庄农耕最重要的灌溉水源。村中还建有人工池塘三处，一处位于中西大街下首（东首路边），俗称"狮子湾"；另两处地处村落东南角，一大一小，村民称之为"南坝湾"。村西有马家溜子，马家桥横跨虞河东西两岸。村西有马家桥跨虞河两岸，为当时周边地区西去县城、大集，西南去医院的必经之地。马家桥东首北河崖上建有土地庙一座。据记载，1948年，中上于河庄全村共173户人家，730口人，全村可耕地1300亩，人均耕地1.78亩。村民以农耕为生，亦有少数村民兼营打铁（红炉）、木工、神香、刺绣等手工业，但都规模不大。村中院落、正房多坐北朝南，村中房舍除一户青砖瓦房外多为破旧土坯草房，甚至还有里生外熟的草房（内墙土坯，外墙用砖结构，屋面是麦秸苫缮）。1950年，农村阶级成分划分评定时，全村有贫雇农125户，中农44户，富农3户，地主1户。

新中国成立之后，潍坊市行政区划几经调整，中上虞河社区行政归属也是几经变换（见表3—3）。1983年10月，潍坊市组建省辖地专级市后，中上虞河社区隶属潍城区。1994年5月，经国务院批复[1]，设立潍坊市奎文区（县级），时中上虞河社区所属大虞镇整建制划归奎文区管辖。2010年村改居之后，改称"中上虞河社区"，隶属奎文区广文街道办事处管辖。

中上虞河社区是一个以农耕为生的传统村落，新中国成立前全村有可耕地面积1300亩，多为良田。至1967年，尚有可耕地985.41亩。此后，因城市发展征用、村民建房占用以及村集体企业及沿街商业房建设等用地，耕地面积连年减少，失地进程随着1984年潍坊市城区东扩加速。截止到2000年，共计征用651.87亩（见表3—4）。1996—2000年，中上虞河社区村民建房占地234亩，筹建集体企业及沿街商业房99.54亩（见表3—5）。实际上，从1993年开始，中上虞河社区已经无地可种，村民亦彻底成为失地农民。

---

[1] 参见《国务院关于同意山东省潍坊市设立奎文区的批复》（国函〔1994〕45号）。

表 3—3　　　　　　　新中国成立后中上虞河社区区划沿革

年份（时间段）	行政隶属
1949—1958 年	潍县第五区梨园乡
1958—1960 年	潍坊市二十里堡公社胡住营
1961—1965 年秋	潍坊市河北公社
1965—1983 年	潍坊市东郊公社
1984—1988 年	潍坊市潍城区大虞乡政府
1988—1994 年	潍坊市潍城区大虞镇政府
1994—1999 年	潍坊市奎文区大虞街办
1999 年—	潍坊市奎文区广文街办

资料来源：由中上虞河社区档案室提供。

　　由表 3—4 可见，中上虞河社区的失地绝大多数为国家机关、事业单位等体制内单位征用。一般而言，中国城市布局多为行政主导型，行政机关多位于城市区位的核心位置，地处商住、学校、交通等配套齐全地段，往往是区位、人文环境俱佳。城市规划部门也常常利用政府办公场所的导向作用，发挥带动、牵引机制，从而更好地引导企业投资、商业布局和人们的购房等消费预期，从而使政府主导作用机制最大化。潍坊市委市政府办公地点由老中心迁址北海路以东高新区就是如此。高新区管委会由原来的创业中心大厦迁址北宫街管委会大楼，到现在的潍安路高新区综合办公大楼亦是如此。从中上虞河社区村土地征用单位可以显见两个方面的问题：一是中上虞河社区有成为城市中心的潜质，而事实上也确实已经地处中心城区的核心；二是中上虞河社区的土地征用与就业安置很难绑定在一起。机关、事业单位等体制内单位在今天尚有许多准入设置，其门户似乎对农民从来都没有开放过。这也造就了中上虞河社区土地征用无安置的历史境况。

表 3—4　　　　1967—2000 年中上虞河社区历年土地征用情况

征地单位	市亩	征地单位	市亩
市艺术学校	35.09	市公用处（血站路占地）	1.6
市计生委	8	市环保局	26.58
市革委（东风街占地）	2.1	市日向小学	26.47
市标准计量局	4.95	市工商局	21.16
市乡镇企业局	15.28	市电视大学	34.34
山东省税校	41.88	市国土局	16.46
市税校	23.41	市劳动局	60
市血站	2.09	胜利东小学	10.6
市交警支队	25.52	奎南房管所	14.93
市海关	17.42	天翔（大邦）集团	4.85
市高专	149.84	市府（宿舍）	12.36
奎文区监工站	2.5	修虞河占地（含鲁班园）	86.64
奎文区供销社	7.8	合计	651.87

资料来源：由中上虞河社区档案室提供。

2005 年 3 月，潍坊市"城中村"改造第一村试点工程由中上虞河社区实施，历时三年建成了极具城市风貌、现代结构的虞景嘉园小区。虞景嘉园以民生街分为南、北二区，南区有居民楼 6 座，占地面积 21.22 亩；北区有居民楼 34 座，占地面积 176.97 亩。共安置居民 1755 户。虞景嘉园以原中上虞河社区村民为主体。余者 40% 左右为附近单位职工，也有相当部分的城市新居民[①]。居民楼全部为多层、六层设计，建筑总面积有 17 万平方米。小区中轴线为两个活动广场和绿化带，社区绿化面积 3.96 万平方米，小区地

---

① "城市新居民"是指，因各种原因实现非农转移并进城务工或定居，或整体实现"农转非"的城镇人口。甚至包括部分来自农村的大专院校毕业生。参见林聚任、马光川《"城市新居民"市民化与"制度阀"效应》，《人文杂志》2015 年第 1 期。

表绿地覆盖率达到30%。小区内建有虞景嘉园幼儿园，占地面积3025平方米，建筑面积2313平方米，总投资441.69万元，2009年开园，方便社区适龄儿童入托。小区内设停车棚两处，供居民免费停车、免费充电。小区设保卫科，负责小区的安全保卫。社区设物业科，配备楼宇专职保洁员（兼楼长）20名。虞景嘉园禁止私搭乱建，根据小区居民约定虞景嘉园为无狗小区。

表3—5　　1967—2000年中上虞河社区办企业占地及村民个体建房占地

项　目	市亩	备　注
村北工业大院	20.91	新华路书店及洛杉矶酒店以北
洛杉矶酒店	12.55	新华书店东邻
棉纺厂	38.5	胜利东街以南，新华路以西
胜利电梯厂	7.85	东扩部分，现24号楼位置
新华路沿街商业综合楼	16.81	1—4号楼，新华路以西
拔丝厂	2.92	现市国土局位置
村民建房	243	
合计	333.54	

资料来源：由中上虞河社区档案室提供。

虞景嘉园地处胜利街与健康街中间，东临新华路，西临文化路，两千米生活半径内可达奎文区政府、广文街道办事处、潍坊市人民医院、潍坊市第二人民医院，胜利东小学，日向友好学校（小学）、新华中学（初中）、奎文实验（初中）、行知学校（高中），富豪酒店、速8酒店，中百佳乐家、银座、乐天玛特等超市，生活十分便捷。虞景嘉园周边环境优雅，"有水则灵"，整治后的张面河、虞河更让这个小区平添了几分流动的魅力。中上虞河社区夹于张面河与虞河之间（两河与白浪河并称"三河"，为潍坊市区主要三条河流），一东一西经村自东南向西北流向。20世纪七八十年代起，两河污染加剧，河道内污水横流，臭气熏天。新世纪伊始，潍坊市委、市政府决定进行三河治理，把三河建成"美丽的河、流动的河、繁华的河"。三河治理，"从根本上改变了河道生态面貌和沿河百姓的居住环境，提升了潍坊市的生态景观和城市品位"[1]。在为潍坊赢得了"国家环保模范城市""国家园林城市""中国人居环境范例奖"等荣誉的同时，也让中上虞河社区彻底摆脱了农村村姑娘的土气，一跃而成了眉目大眼、气质优雅的现代都市白领。

然而，村落自然边界、经济边界乃至文化边界不断"被"突破，自然景观的改变、经济交往范围的扩大甚至生活方式的变化都未曾改变中上虞河社区的制度"孤岛"窘境——"城中村"在主流社会眼中收入低、治安差、民风彪悍的代名词，被视为"藏污纳垢"之所和城市脏乱差现象的源头。"城中村"已经成为城市化进程中问题多发、矛盾集中的集散地，其制度根源——城乡二元体制，已经扼住了中国城乡一元发展的咽喉。

二 案例社区经济社会的边界突破与可行能力的增长

潍坊市中上虞河社区，隶属于奎文区广文街办。2010年，村居改制，中上虞河社区改为为中上虞河社区。截至2010年9月30日24时，全村有536户，农村户籍村民2107人。虞景嘉园为中上虞河社区改造安置小区，以民生街分为南、北二区，建有40栋多层结构居民楼。北院内设幼儿园，绿地覆盖率高，有活动广场和简易健身设施，有大型免费自行车电动车棚。划定了汽车停车位。小区设保卫科，有专职安保人员24小时巡逻。小区实时动态网格化管理，每2栋楼设1名网格管理员（楼长）。中上虞河社区为潍坊中

---

[1] 潍坊市地方史志办公室：《潍坊人居环境志》，方志出版社2014年版，第169页。

心城区大型、现代、宜居城市社区。

新中国成立之初,潍坊只是一个半城半乡的小县城,中上虞河社区也只是一个以农耕为主的传统村落。全村共173户人家,730口人,可耕地1300亩,人均1.78亩,村中房屋以土坯草房为主,仅有1户青砖瓦房。中上虞河社区周边是广袤的田野,主要种植小麦、玉米等粮食作物。阡陌交通、鸡犬之声相闻。中上虞河社区地处虞河东岸,虽西与潍县县城仅距3千米,却也仅有村西马家桥沟通两岸,为虞河以东与县城、潍县大集以及潍坊人民医院必经之交通要冲。中上虞河社区显然受潍县大集这个农村基层市场辐及,逢五排十,马家桥上涌动的是络绎不绝的商旅、马车、人流。地理之便赋予了中上虞河社区村民较早的经商务工意识,除农耕外,村里很早就有了打铁(红炉)、木工、神香、刺绣等手工业兼营。每逢集日,村民们总会到大集采购鱼、盐、布匹等生活用品,也会把家里的富余和手工业制品拿到集市上交易。但依其对潍县大集的参与方式、参与水平以及地位结构来看,中上虞河社区还只是处于施坚雅所谓的"基层市场社区"(standard market community)的边缘。

从1984年开始,因潍坊市城区东扩,国家征用、村办企业及沿街商业房占用以及村民建房占地等原因,中上虞河社区可耕地面积逐年减少,1993年实际已经无地可种,中上虞河社区彻底成为无地无农村。中上虞河社区在时任村支部书记带领下,利用征地补偿金,大兴村办集体企业,村民倒也没有因失地而有生计上的顾虑或担忧。1982年之后,中上虞河社区河先后兴办的村办集体企业主要有以下八家(见表3—6)。其中,潍坊市中上虞河社区河建筑公司与潍坊市胜利电梯厂为旧有村办副业在历经劫难之后的复兴。潍坊港峰纺织有限公司则是新兴实业的代表,始建于1987年,投资640万元,1993年年底实现料与香港合资,固定资产1600万元。主要生产经营各种色纺针织用纱,产品主要销往欧洲、美国、加拿大等50多个国家和地区，年产能达到1万纱锭，年色纺用纱1500吨，可吸纳劳动力380余人。潍坊港峰纺织有限公司从1991年到2000年共上交国家和地方税金1823万元，平均每年上交近200万元，为奎文区工商企业的纳税大户，为中上虞河社区赢得了"招商引资工作先进单位"等荣誉称号，多次受到区委区政府嘉奖（见表3—7）。

表3—6　　　　　　　　潍坊市中上虞河社区村办企业

企业名称	兴办时间（年）	投资金额（万元）	资产（万元）	主要产品	企业产能	占地（平方米）	雇用职工人数（人）
潍坊市中上虞河社区建筑公司	1965	14	300		3万平方米/年		480
潍坊市胜利电梯厂（锻制厂）	1965	56		载货电梯及儿童玩具		3500	250
潍坊市胜利拔丝厂	1984	149		工业冷拔丝异型冷拔材料	6000吨	6800	70
潍坊中联汽车大修厂	1985	34		精修各类汽车经销汽车配件		3000	80
潍坊市奎文区巨丰机械厂	1985	6.7	250				80
潍坊港峰纺织有限公司	1987	640	1600	各种色纺针织用纱	1万纱锭；色纺用纱1500吨	2000	380

续表

企业名称	兴办时间（年）	投资金额（万元）	资产（万元）	主要产品	企业产能	占地（平方米）	雇佣职工人数（人）
潍坊市奎文区福利铝合金制品厂	1995	47.5		铝合金门窗制作及安装			50
潍坊市洛杉矶风味酒家有限公司	1992	698	858		可容纳500人同时就餐	3000	98

资料来源：由中上虞河社区档案室提供。

1993年，乘着中国市场经济大发展的东风，中上虞河社区中联实业总公司成立。公司以村内创办的集体企业联合组成，整合资源，力图把村办企业进一步做大做强。到1996年，中联实业单年度实现销售收入1.02亿元，利税1020万元，公司被授予市级"发展经济先进单位"。中上虞河社区则成为奎文区"经济强村"。1997年，中上虞河社区以既有实业为基础，组建山东中乾集团公司，集团下设潍坊港峰纺织有限公司、潍坊洛杉矶风味酒家有限公司、潍坊市奎文区中虞建筑公司、潍坊市胜利拔丝厂、潍坊市奎文区巨丰机械厂、潍坊市中联汽车大修厂、潍坊市胜利电梯厂、潍坊天圆网架公司、潍坊市奎文福利铝合金制品厂、潍坊华富印染有限公司十大实业集团，主要经营工业生产的加工、制造及销售（包括灰纱、配件、网架、电梯、铝合金制品），承包建筑工程，建筑装饰材料，农副产品和副食品的加工、销售以及宾馆、酒店等第三产业的开发等业务，中上虞河社区集体经济达到了顶峰。

表3—7　中上虞河社区历年区级以上荣誉统计（1996—2013年）

年度	奖项名称	发奖机关	发奖日期
1996	明星村、小康村	奎文区委、政府	1997.3
1997	卫生工作先进单位	奎文区委、政府	1997.5
1998	经济工作先进村	奎文区委、政府	1999.1
1999	经济工作先进村	奎文区委、政府	2000.3.1
1998	区级文明单位	奎文区委、政府	1999.1
1998	奎文区安全村	区委、区政府	
1999	奎文区安全村	区委、区政府	
2002	爱国卫生工作先进单位	奎文区爱卫会	2003.3
2005	经济工作先进单位	区委、区政府	2006.1
2005	招商引资工作先进单位	区委、区政府	2006.1
2007	和谐示范村	奎文区委、区政府	
2007	文明单位	奎文区委、区政府	2008.2
2007	杰出贡献奖	奎文区委、区政府	2008.2
2008	先进基层党组织	奎文区委、区政府	2008.6
2008	经济工作先进单位	奎文区委、区政府	2009.2
2009	经济工作先进单位	奎文区委、区政府	010.2
2009	省级卫生村	山东省爱卫会	
2009	基层党建工作先进单位	潍坊市委组织部	
2009	市环卫行业先进单位	市政管理局	2009.10
2009	和谐示范村庄	奎文区委、区政府	2010.2
2010	和谐潍坊文化共建先进单位	市干部艺术中心	
2010	区级文明单位	奎文区委、区政府	2011.2
2012	社区经济管理工作先进单位	奎文区农村经济管理局	2013.1
2013	社区经济管理工作先进单位	奎文区农村经济管理局	2014.1

资料来源：由中上虞河社区档案室提供。

毫无疑问，随着潍坊市城市化加速和潍坊城市建成区迅速东向蔓延，中上虞河社区在短时间内完成了远郊村到近郊村，并由近郊村到"城中村"的转变。原有的以农耕为主的经济生产方式让位于工业生产与经营，其经济活动的范围早已突破了原有村落的界限，也不再受原有基层市场的局限。他们的产品销售已经遍及欧美、亚洲等 50 多个国家和地区。曾经规模上 10 万元的潍县大集早已不复往日的繁荣，与人们日常生活紧密联系在一起的是各式各样的超市，社区北邻的乐天玛特，新华路上的中百佳乐家以及各式各样的便利店，新华路早市、公安巷晚市、南下河市场。生活消费品市场的社会结构分化意义与社会分层职能似乎较学者施坚雅所处的时代，即以中国乡村为模板提出基层市场社区的时代弱了不少。

伴随着征地与失地的是城区建设的大发展。一望无际的昌潍大平原上稀稀落落的村庄已经被极具现代气息的都市取代，一直守望相助的"上虞河"三村已经被竖直高耸的混凝土建筑阻隔。潍坊市职业大学、潍坊市中心血站、潍坊市海关、潍坊市艺术学校、潍坊市乡镇企业局、潍坊市院校粮所、潍坊市国土局、潍坊市劳动局、潍坊市环保局、潍坊市交警支队、潍坊高等专科学校、潍坊市计生委、潍坊市日向友好学校、潍坊市工商局、山东省税务学校、潍坊市胜利东小学、奎文区供销社，横亘在田野上的是一家一家的城市单位组织抑或是城市居民生活社区，田野则早已不见了踪影。显见的是，现在的中上虞河社区已经处在城市的中心，中上虞河社区似乎已经成了一座城市里的"孤岛"，村落的边界不断被突破。村民的劳动方式已经是工业化的，工作场所也由田间地头转移到了车间工厂，经济活动范围的扩大并未自然而然地改变村办企业集体所有的性质。其村民委员会依然是"城中村"的基层自治组织，这里实行农村养老保险和农村合作医疗，低保执行的还是农村的标准，青年当兵还是农村兵，村里的道路、公共照明等由村集体负责。这里还是一个以人情厚重的生活共同体，谁是谁的本家是很容易识别的，辈分关系也体现在人们的日常称呼之中。守望相助的惯习以及各式各样的补助金，无疑又不断强化了村落的边界以及共同体的心理与社会认同。

村落边界突破的实质是村落及其居民可行能力的拓展与增长。经济、社会、文化边界的突破不断拓宽村落居民的经济、社会生活半径，村落早已经不是那个囿于50千米生活圈的封闭的村落；边界的突破还不断丰富着村民的生活样态，中上虞河社区也早就不是那个面朝黄土背朝天、以农为生的传统乡村，这里有曾经极其发达的村办企业，它们的产品远销世界各地，村民多行业、多工种从业，生产生活样态纷繁复杂；村落也已经不再是一个同质性极高的生活共同体，村民之间已经出现了较为明显的文化教育、职业、收入上的分化。但无论如何，相较于改革开放之前，村落及其村民可以在很大程度上实现自己的意志——按自己的意愿，可行能力增长了，自由扩大了。

从西方先行现代化国家的发展趋势来看，非农化与城市化具有高同步性，工业化、非农化、城市（镇）化、市民化基本速率相差不大。由于长期实行二元的城市化政策的影响，中国的现代化进程与西方先行现代化国家表现出不同的性格特点，"工业化、非农化、城市化、户籍人口变动逐级滞后"[①] 是突出特征。2011年，中国农业增加值 GDP 占比只有10%左右，农业从业人口却依然有38%左右；当年国家公布的城市化比例是51%，可城镇户籍人口比率只有35%左右。依中上虞河社区历年农村统计年报（见表3—8），1982年，中上虞河社区678名劳动力中有422人从事农业生产，78人从事村办

---

① 李培林：《城市化与中国新成长阶段》，载《当代中国城市化及其影响》，社会科学文献出版社2013年版，第12页。

工业生产，159人从事建筑业劳动，非农化率已经超过37%[①]；1991年，中上虞河社区实有劳动力600人，其中工业劳动力450人，建筑业劳动力30人，交通、餐饮等其他行业劳动力95人，从事农业劳动的只有25人，劳动人口非农化率接近96%[②]；到1992年，全村实有劳动力930人，全部从事工业生产，虽还有小面积粮食种植，但已没有劳动力从事专门的农业生产[③]；而到1993年，中上虞河社区已经在事实上没有了农耕用地。

表3—8　　　　　　　　中上虞河社区历年农村统计年报

年份	户数（户）	人口数（人）	实有劳动力从业情况（人）						耕地（亩）
			农业	工业	建筑业	外出务工人员	其他行业	合计	
1982	403	1460	422	78	159			678	566
1991	492	1720	25	450	30	15	80	600	355.6
1992	500	1950		930				930	278

资料来源：由中上虞河社区档案室提供。

由表3—8可以看出，1991—1992年，中上虞河社区人口与劳动力人口增速与增长模式异于常年。1992年较1991年仅增加了8户，人口数却净增长230人，年增长超过13%，是当年潍坊市人口自然增长率（5.13‰[④]）的25倍还多；劳动人口数更是从1991年

---

① 参见《潍坊市东郊公社中上虞河大队82年农业生产统计年报》，资料由中上虞社区资料室提供。
② 参见《潍城区大虞乡中上虞河村委1991年各种报表、人口统计资料》，资料由中上虞社区资料室提供。
③ 参见《潍城区大虞镇中上虞河村委1992年农村统计年报》，资料由中上虞社区资料室提供。
④ 潍坊市统计局、国家统计局潍坊调查队编：《潍坊统计年鉴2013》，2013年版，第58页。

的600人猛增到930人，增幅达到了55%。这个增长则是由西上虞河村整建制"农转非"引起的。1989年，整个中上虞河社区及其全体村民的心都是躁动的——原本就是一个村，清初析出后也仅一路之隔、比邻而居的西上虞河村整建制实现了"农转非"。当时的政策是，年满25周岁的由政府安置，不满25周岁由社会招工。"一路分城乡"——城乡之间的距离从未如此之近，而又如此遥远。一夜之间西上虞河村全体村民变市民，工厂就业、按点上下班，享受城市居民的教育、养老、医疗等公共服务与社会保障。而随着"村改居"和身份的转换，西上虞河村整体水涨船高，原本盘根错节的西上虞河与中上虞河社区河之间的姻亲大有难以为继之势。乡与城的距离也从未有如此之近，一如中上虞河社区H村与西上河虞村之间那条算不上宽阔的土路，只要你想随时可以跨越。西上虞河村的城市西上虞河村的际遇令人艳羡，生出冀望，有精明人便自以为窥破了个中机密，动用各种社关系，千方百计把户口"空挂"[1]到中上虞河社区。便有了中上虞河社区人口（劳动力）暴涨的"反常"。但城与乡的距离又是如此之远，一路之隔、呼吸之间竟是20年的跨越。可谁又曾想，到2010年8月19日，中上虞河社区H村整建制"村民"变"市民"时，中上虞河社区"村改居"集体资产改制方案落定，所谓的精明人才发现便车没搭成，结果竟闹了个"两头落空"[2]。

其实，在20世纪90年代初，中上虞河社区原本也有与西上虞河村一样的"农转非"良机：只要缴纳300元/人的手续费，村民可自愿实现"农转非"。但这时候的西上虞河村却做了反面的示

---

[1] 空挂：特指只有户口落入，人实际不居住或工作亦不享有落入地或单位待遇的情况。这里单指户籍落入行政村，但不享受田地、宅基地及其他村民待遇的情况。

[2] 村民们的说法。意指看似精明、原本要搭"农转非"顺风车的那些人，因为"空挂"、落户时点等限制不能享有村民应得待遇，而因户籍迁出又无法享有其原户籍所在地待遇的境遇。

范——由于技术、年龄等原因,受国有企业改革冲击带来的失业难题使得西上虞河村的安置村民成了结构性失业的主力军。中上虞河社区居民们也开始更加现实起来——实际利益的得失计较明显超越了曾经幻想的市民"荣耀"。加之"籍"与"权"的制度体系之外——市场分配制度在再分配体制之外发挥着越来越重要的作用,村民的选择也变得更为审慎与理性。党的十一届三中全会之后,分产到户、自主经营使农村居民获得了生产经营自主权,市场分配机制有逐渐取代再分配机制成为首要和决定性分配机制的趋势,1993年之后这个趋势更趋明显。而城乡之间的生产、制度差异为中上虞河社区赢得了西上虞社区无可比拟的优势。一是农产品市场优势。背靠城市,农产品有了广阔的市场,人们千方百计把农产品销售到城里,工厂、机关、市场、街头,自是比周边农村市场有更好的价格;"城中村"、城乡接合部往往还设有自己的农贸市场,很好地发挥了农产品的贸易集散作用。二是劳动力市场优势。地理位置相邻、劳动力价格低廉遭遇城市资本市场,集体企业迅速发展且日益庞大。三是土地资源优势。"与工业化相比,城市化的一种最大红利,就是土地的增值。土地增值是继工业化带来的初始资本积累之后,最重要的资本积累过程……实际上,土地增值是城市化的必然结果和农民走向富裕的通途。"[①] 随着城市化加速,城市及城市周边土地增值明显,为攫取更大的土地收益和房屋租赁收入,"城中村"居民住宅不断向高、向四周延伸,形成了难得一见的"贴面楼""一线天"等独特景观。四是农村政策优势。以计划生育政策为例,2013年12月中共中央、国务院印发《关于调整完善生育政策的意见》之前,城市严格执行的是独生子女政策,而农村计划生育实行的则是头胎是姑娘的农村家庭按照计划生育管理政策可以生二胎,

---

① 李培林:《当代中国城市化及其影响》,社会科学文献出版社2013年版,第9—10页。

对于违反计生管理政策家庭也多以征收社会抚养费作为惩罚手段，农村家庭两个孩子的现象较为普遍。"单独二孩"政策出台之后，山东符合政策夫妇的生育意愿高达70%[①]，多子多福的观念仍然很有市场。但在"二孩政策"出台之前，城市居民是不允许生二胎的，这个曾经被郭书田、刘纯彬视为农村贫穷落后的根源，"在形成二元社会结构的 14 种具体制度中，上述 13 种，市民统统处于'优等'地位。只有生育制度则相反。而这相反恰恰仍然不'好事'"[②]。而这个看似不是"好事"的生育制度，在解决了生计问题脱贫致富之后似乎已经蜕变为真正意义上的"好事"。以至于在中上虞河社区改居之时生育制度成了村民与政府博弈的核心问题之一。中上虞河社区有地，有强大的集体经济和村民福利、可生育二胎，这反过来又都是成为中上虞河社区周边城市社区难以企及的制度优势。

然而，在分配体制多元化的同时，中国城乡治理结构依然是沿着二元结构脉络演进的。与城市街居制治理结构相对稳定相比，党的十一届三中全会之后，中国农村基层治理结构发生了很大的变化，"乡政村治"模式取代了人民公社制度。所谓"乡政村治"，简言之，就是"乡镇基层政权组织 + 村民委员会基层群众自治组织"的治理结构。乡镇政府对本乡镇事务行使国家管理职能，村民委员会对本村社会事务实行自治，并接受乡镇政府监督。从理论和字面意义上理解，"乡政村治"是把原本人民公社行使的"政社合一"职能一分为二，行政职能归乡镇基层政权组织，而村庄的社会事务将主要由村民委员会这个村民自治组织负责。所谓"村民自治"，即村民委员会是一个纯粹的群众性自治组织而不承担行政管

---

① 徐晓斌：《山东单独二孩人口政策对经济社会的影响》，《改革与开放》2014 年第 16 期。
② 郭书田、刘纯彬：《失衡的中国》，河北人民出版社 1990 年版，第 75 页。

理职能。依据《村民委员会组织法》，村民委员会既是村民"自我管理、自我教育、自我服务"的自治组织，又有"支持和组织村民依法发展各种形式的合作经济和其他经济，承担本村生产的服务和协调工作，促进农村生产建设和经济发展"[1]。承担着发展农村经济与农村产业的重要经济职能。而城城市社区居委会则是单纯的基层群众性自治组织，社区没有集体经济组织，居委会也没有相应的经济发展职能。

我们看到，自潍坊市奎文区设立以来，中上虞河社区先后隶属于奎文区大虞街办和奎文区广文街办，实际是一种街道办事处——村民委员会治理结构。显然，它既不是纯粹"乡政村治"农村基层治理模式，亦不是纯粹城市"街居制"模式，而是城乡二元社会结构下的一种错位治理模式。而这种城乡体制机制转化的不彻底性及其制度表现不惟治理模式一项。居民早已失地，从事着彻头彻尾的工业劳动，生产生活方式亦与城市居民无异，但他们没有市民权。突出表现在城乡有别的社会保障制度、就业、医疗、教育等诸多权益的差异上。如中上虞河社区，早在1993年就已经无地可耕，无农可务，村里的劳动人口早已全部转移到非农产业，但由于没有摆脱农"籍"，便无法享受城市居民或城镇企业职工的"权"。"城中村"俨然成了城市中的"孤岛"，既是景观特征上的，更是深层制度上的。如王春光研究员指出的那样，"'半城市化'的关键就在'半'上，形象地看，犹如一个人一只脚已经跨进门槛，另一只脚还在门外一样，是一种分离的现象"[2]。

---

[1] 《中华人民共和国村民委员会组织法》第八条，2010年10月28日修订。
[2] 王春光：《农村流动人口的"半城市化"问题研究》，《社会学研究》2006年第5期。

第 四 章

城乡福利制度的冲撞、整合实践

　　城乡社会福利制度的冲撞整合寓于中国城乡社会转型的时代大背景，并集中呈现于当前如火如荼的"村改居"实践。透视案例社区的"村改居"实践，之于中国城乡社会福利一元演进而言便有了解剖麻雀一样的意义。2004年，潍坊市出台了"城中村"改造规划，计划用3—5年时间实现规划区域自然景观、治理体系、社保服务等整体一元化。但改造的难度、复杂性超出了预期。2006年，原计划调整两步走策略，"城中村"改造达成自然景观与土地管理制度的一元化；"村改居"实现治理体制、社会保障与公共服务等的整合。新策略计划用10年左右时间完成，并明确保持必要的时间弹性。当地政府扮演着中心城区分方案制度者与改造工程主导者角色，而又十分精明地试图置身于具体制度的碰撞之外。

第一节　案例社区城中村改造与城乡
　　　　社会福利制度的有限整合

　　与时下流行的农村社区化及"合村并居"等广受争议不同，对"城中村"与中心城区"村改居"工程的理解更多是积极的、带有发展意涵的,常常被看作城乡现代化进程的应有之义——大有本该如此、水到渠成的意思。鉴于中国城乡社会福利制度的二元分割属性,农民变市民、村庄变社区已经不是单纯的职业变化或生产生活方式的样态更替,它涉及碰触深层次的"籍""权"变革及城乡经济社会结构的整合重构。

一 地权博弈:城中村改造的角力关键

"蛙跳式"的城市蔓延迅速拓展了城市建成区的同时,也带来了诸多现实的问题。城乡差距和结构失衡加剧,人地分离的土地城市化高于人口城市化等深层次的"伪城市化""半城市化"问题日趋严峻。"城中村"越来越呈现为"乡社会"与"城社会"的混合样态,"村社区形态向城镇的转化与乡土社会结构的延续同时并存"[①],城乡边界不断被突破,相交融,"非城非乡,亦城亦乡"。"在土地和房租收益的刺激下,建筑已经失去个体差异的美学意义,经济的铁律也碾碎了中国传统村落和谐人居的'文化意义',中国传统古村落的天人合一、风水、小桥流水人家等意象,在这里都荡然无存……街道两旁的楼都伸展出来,几乎把露天的地方全塞满,形成当地人戏称的'贴面楼'、'亲吻楼'和'一线天'"[②]。混合样态的"城中村"由于地理区位优势等原因有着较为雄厚的集体经济积累,从而催生了庞大的"寄生性"经济。"地方本位"政策催生了"二元社区"[③]问题。"城中村"俨然已经成为城市中的"孤岛",既是景观等表象层面的,更是制度、模式等深层治理层面的。

---

① 折晓叶、陈婴婴:《社区的实践:"超级村庄"的发展历程》,浙江人民出版社2000年版,第16页。
② 李培林:《村落的终结——羊城村的故事》,商务印书馆2010年版,第3页。
③ 周大鸣:《外来工与"二元社区:"珠江三角洲的考察》,《中山大学学报》2000年第2期。

而随着新型城镇化理念与城市内涵式发展理念的提出，这一问题已经到了非解决不可的境地。

2004年，潍坊市启动了中心城区"城中村"改造工程，汇入了全国轰轰烈烈的"城中村"改造的洪流。2004年1月，潍坊市政府出台了《关于加快中心城区"城中村"改造的意见》（潍政发〔2004〕9号）[1]，该文件与2006年4月公布的《潍坊市人民政府关于加快中心市区"城中村"改造的补充意见》（潍政发〔2006〕25号）[2] 一起成为潍坊市中心城区"城中村"改造的主要政策框架，并为此后潍坊近郊村的改造提供了重要的政策框架参考。潍政发〔2004〕9号文件要求推进潍坊城市现代化发展，明确加快中心城区"城中村"改造的直接目的是"改善人民群众的生活环境，提升城市形象"。城市建成区的扩大以及城市特质的增加是城市化不可逆的趋势，这一点已经为西方先行城市化国家的经验所验证。然而，由于中国实行的是城乡不同的土地所有制形式，加之中国农村居民对土地的长期生活与心理依赖，中国城市化进程中"城中村"和近郊村的改造进程伴随的"土地征用"却总是被有意无意地与"失地农民"及"失地失利"联系在一起。这显然与城市化进程中相关政策，尤其是"籍""权"改革及其相关政策的配套的缺位、不到位密切相关，同时还与"经营城市"[3] 理念盛行、房地产热及对"城乡建设用地增减倒挂"[4] 的政策解读密切相关。潍坊市"城

---

[1] http://xxgk.weifang.gov.cn/sghj/201411/t20141126_46341.htm。
[2] http://www.weifang.gov.cn/潍坊ZW/ZFWJ/WZF/200906/t20090626_207691.htm。
[3] 景天魁、毕天云、高和荣等：《当代中国社会福利思想与制度：从小福利迈向大福利》，中国社会出版社2011年版，第277页。
[4] 2000年6月《中共中央国务院关于促进小城镇健康发展的若干意见》（中发〔2000〕11号）做出了"对以迁村并点和土地整理等方式进行小城镇建设的，可在建设用地计划中予以适当支持"的规定；该政策在《国务院关于深化改革严格土地管理的决定》（国发〔2004〕28号）文件中，进一步明确为"鼓励农村建设用地整理，城镇建设用地增要与农村建设用地减少相挂钩"。

"中村"改造工程亦未能幸免这样的质疑。潍政发〔2004〕9号文件规定，为妥善解决居民的居住和生活保障问题，原村民人均享有两个83平方米，即人均83平方米标准的居民安置用地＋83平方米的生活保障用地。但两个"83"政策具体执行中的操作是，原有村集体所有土地自身能够满足两个"83"的按政策执行，自身不足以满足两个"83"的，政府不再另行划拨。直白一点就是说，原村集体所有土地满足两个"83"之后的，政府收归国有，不够的政府也补贴。潍坊市的"城中村"改造工程又恰逢城市经营理念、"城乡建设用地增减倒挂"政策大行其道之时，"阴谋论"的质疑也就很好理解了。

2006年4月，潍政发〔2006〕25号文件的出台，"城中村"改造进程中事实上调整为两个实施阶段，前期是"城中村"改造，主要是"城中村"居住模式与景观风貌以及土地管理制度一元化，后期是"村改居"项目，主要涉及资产改制及撤村改居等相关工作。"城中村"改造，尤其是中心城区主次干道两侧的"城中村"改造，既是整个改造项目的重点更是难点，是城市整体环境与城市形象提升的瓶颈。事实上在政策制度之初，已经有了针对性的考量，策略之一便是先行试点，中心推开，贯彻以点带面，辐射带动周边的策略。中上虞河社区有幸成了全市中心城区"城中村"改造的"试点村"。

众所周知，"城中村"改造涉及拆迁、补偿等诸多与居民休戚相关的利益点，也常常是矛盾和冲突的集结点，是一个政府怵头、居民较劲的事，同样也是社会关注的焦点与敏感点。因此，"试点村"意味着压力，既没有既定的可资借鉴的成功模式，又必须克服各种现实的与潜在的困难，还要创造出可复制、可借鉴、能推广的操作性经验。诚然，需要克服的困难越大，意味着取得成功的价值也就越大，二者之间呈正相关关系。也正是从这个意义上来说，中上虞河社区又是幸运的，其幸运之处不仅在于对全市"城中村"改造的试点意义，还在于他们可以在一个非常宽松的框架体系内表达自己的个性利益诉求。当然了，中上虞河社区能够成为潍坊市中心城区"城中村"改造的第一村，远不在于其地处中心城区且紧邻城区主干道的地理区位，市、区政府看重的还是中上虞河社区有战斗力的领导班子。

正如有学者指出的那样，一个团队的成功往往与其有一个强有力的领导核心及其强大的执行能力密不可分。这于一个村庄的发展同样适用，并为华西村、南街村、三元朱村等超级村庄的强势发展注脚。中上虞河社区自然不能例外。中上虞河社区老书记 HLS 是我们不得不说的领头羊。正是在 HLS 任书记期间，中上虞河社区实现了经济大跨越。HLS，1948 年生，是中上虞河社区史上任职时间最长的村支书。1976 年，未满而立之年（28 岁）的 HLS 同志接替 HLH 同志出任村支部书记，至 2000 年换届卸任，前后连续任职历时 25 年，整整一代人的时长。上任时还是毛头小伙，卸任时已是两鬓斑白，可以说 HLS 书记几乎是把自己大半生的精力都放在了中上虞河社区的经济发展上了。正是在 HLS 在任期间，中上虞河社区在经济上彻底打了翻身仗，而其力主的购置土地、改善村民待遇等举措，则为其后的中上虞河社区的后续发展打好了框架。

俗话说"为官一任，造福一方"。HLS 任上做的几件事就很值得中上虞河社区老少居民称赞，这大概能够成为其超常任职年限的一个解释。HLS 任期之初正赶上农村经营方式大变革，农村家庭联产承包责任制重新焕发了农村的活力和农民的生产积极性。HLS 带领村两委成员一班人打机井、修水利，有力地保障了农业丰产丰收，改善了居民的生活；修街通路、绿化美化，村容村貌焕然一新；他们还重新修复了马家桥，极大便利了中上虞河社区及周边居民的进城返乡。以 HLS 书记为首的村两委一班人确定的发展集体经济、"强村富民"发展战略,彻底改变了中上虞河社区的经济面貌。中上虞河社区一跃成为全市经济强村。中上虞河社区的发展变化映照的是整个潍坊的总体发展演进。新中国成立之初的中上虞河社区是潍坊近郊村,其后中上虞河社区的发展变迁自然无法脱离潍坊城建大发展以及城市的蔓延发展大框架,事实上二者的发展变迁就有高度的同步性。具体而言,潍坊城市蔓延的进程与中上虞河社区失地的进程在一个时段内具有高同步性。HLS 书记带领一班人决定利用征地补偿金发展集体经济,以钱生钱而不是坐吃山空。自 1984 年潍坊市胜利拔丝厂建厂开始,中上虞河社区分别于在 1985 年筹资兴建了潍坊中联汽车大修厂、潍坊巨丰机械厂,1987 年筹建了潍坊港峰纺织有限公司、1992 年兴建了潍坊市洛杉矶风味酒家有限公司,1995 年筹建了潍坊市奎文区福利铝合金制品厂。1997 年,中上虞河社区以既有实业为基础,组建山东中乾集团公司,业务经营范围涉及机械加工、制造,建筑工程、农副餐饮等多领域、多行业,企业总计投资 2282.20 万元,安排本村村民就业 400 余人,并为国家创造了利税。中上虞河社区集体经济一时达到了顶峰。

  HLS 书记任期内另一件颇具深远意义的事就是购置土地。李培林指出,"与工业化相比,城市化的一种最大红利,就是土地的增值。土地增值是继工业化带来的原始资本积累之后,最重要的资本积累过程……土地增值是城市化的必然结果和农民走向富裕的通途"[①]。20 世纪 90 年代初,中上虞河社区两委决定购入原潍坊市工具三厂、工具四厂(原本是中上虞河社区用地,后入社铁业社、木业社,属手管局、一轻局、二轻局)的两块厂地。这为以后的"城

[①] 李培林:《城市化与中国新成长阶段》,载李培林《当代中国城市化及其影响》,社会科学文献出版社 2013 年版,第 9—10 页。

中村"改造创造了有利条件（其时，中上虞河社区自有土地不足两个"83"标准，但按市政府文件不予以土地补贴）。2000年，村两委以180万元购入韩尔庄王家土地25亩（后被坊子区征用时获得补偿金1800余万元）。诚然，HLS书记等人决定土地购置方案时或许并未能清楚地认识到城市化带来的土地增值效益，但这两桩土地收购确凿无疑地为中上虞河社区村后续经济社会发展提供了更大的回旋余地，充实了中上虞河社区的公共积累。中上虞河社区自1990年开始对满60周岁的男性、满55周岁的女性发放养老退休金（见表4—1），从1994年开始，按农业人口每年发给口粮补助金（见表4—2），靠的便是强大集体经济和公共积累保障。

表4—1　　1990—2000年中上虞河社区退休金发放情况

年份	发放总额（元）	发放总人数（人）	人均发放额（元）
1990	26660	152	175.40
1991	28298	154	183.76
1992	31414	160	196.34
1993	31054	155	200.35
1994	32227	159	202.69
1995	42635	161	264.82
1996	87564	158	554.21
1997	89018	159	559.87
1998	104221	165	631.65
1999	115187	168	685.64
2000	144543	186	777.12

注：发退休金年龄：男60周岁，女55周岁。

资料来源：由中上虞河社区档案室提供。

表4—2　　　1994—2000年中上虞河社区口粮补助金发放情况

年份	发放总额（元）	发放总人口（人）	每人平均（元）
1994	235741	1780	132
1995	362924	1830	198
1996	368444	1850	199
1997	369658	1865	198
1998	519521	1863	279
1999	558075	1866	299
2000	557025	1856	300

资料来源：由中上虞河社区档案室提供。

2001年1月25日，中上虞河社区党总支书记换届选举，HLC同志接棒老书记成为新的中上虞河社区的新头羊。2004年11月28日，中上虞河社区村民委员会换届选举，HLC同志当选为中上虞河社区第八届村民委员会主任，在中上虞河社区历史上首次实现了书记、主任一肩挑。这既是荣耀，又是责任，更体现着村民的信任。我们知道，2002年党的十六大明确了全面小康的建设目标，并把"社会更加和谐"作为其重要目标之一。此后，"和谐社会"与"社会建设"被提到一个与经济建设同等重要的认识水平上。HLC接任书记正赶在这个节点上。而改善生活环境，让居民生活轻松惬意一点一直是HLC书记的心愿。2004年8月，HLC召集村两委班子开会，商定了狐狸养殖场拆除的具体方案。其时，村里有狐狸养殖专业户7户。狐狸养殖给养殖户带来了客观的经济效益，却也直接影响居民的居住与生活。每逢夏日，是蚊蝇肆虐，气味骚臭难闻，民怨很大。但而此前已有一次拆除动员，但由于经济收益不大，养殖户不愿拆除。针对这一问题，村两委的做法是明确责任，分工到人，进家入户做工作。经反复磋商，模拟定了拆除补偿的五等级分类标准，对养殖户进行合理经济补偿；很关键的一点是，养殖场初建之时与村两委有一个口头协议的，"养殖场无条件服从村土地使用规定，村集体决定改变土地使用用途时，养殖场应无条件拆除。建设材料归养殖户所有，但由此造成的损失村委应合理补偿"。"无规矩，不成方圆"，补偿协商好了，又有这个协议在，事情也就顺理成章、水到渠成地圆满解决了。为美化社区环境，村两委还集资硬化路面1696米，约合1750平方米，同时修建下水通道入市区管网。植树200余株，安装路灯100余盏；组建了卫生队，每天保持村内街道卫生，垃圾车每天清运所产生的生活垃圾，村容村貌大大改观。中上虞河社区连年被评为卫生工作先进单位。

HLC书记十分重视制度建设，狠抓管理制度的理顺与落实。首先理顺村集资沿街房的房屋租赁合同，承租、交租、清租规范化。为方便就业、提高收入、改善生活，村集资筹建的沿街房原则上村民优先并优惠承租，与村委会签订房屋租赁合同并需按时交纳租金。本来挺明白的一项惠民之举居然搞得不明不白了。有个别承租户以无盈利、亏损等为由延迟、不交甚至拒交且不退租房，其他承租户则有样学样。一时间交租的和不交租的一个样，守合同的与不守合同的一个样，在村里产生了极其不好的影响。基层工作千头万绪，传统村落里重感情、好面子往往成为投机者利用的弱点，甚至明面上就跟你扯什么"损公肥私"天经地义，很有点称王称霸的意思。总以为没人能够也没人敢跟他们较真。HLC书记就是那个敢较真的人，他召开村两委会议，下定决心规范村集体房屋租赁市场。他亲临现场、摆事实讲道理，对不按合同办事，不按期缴纳租金甚至长期拒交租金的限期退房。他说，"我不怕得罪人，不怕打击报复"，对拒不执行的坚决换锁封门。经过治理，中上虞河社区的村集体房屋租赁市场管理实现了常态化。其次是坚决杜绝私搭乱建。村两委及时制止并杜绝了按2001年以前依旧村改造安置户老地基上私搭乱建的行为。HLC书记的工作信条是"不找借口，不留尾巴"，基层工作不到位，犹豫拖沓小事也成大麻烦。

坚持村民利益高于一切，HLC深得村民信赖。有学者指出，长期计划体制遗留的藩篱使得中国城乡自治组织具有极强的行政化倾向，基层自治组织以自治主体身份背向居民为政府谋事[①]，绝大多数基层自治组织事实上处于"被组织"状态，社会参与带有很大的表演性和仪式性[②]。但在城市化进程中的中上虞河社区并非如此，这里有庞大的集体利益，从村支书到普通村民对村集体事务都有高度的关切和参与。这突出表现在城市化进程中的"保地"行动之中。2004年7月，中上虞河社区涨涵河一带7.58亩土地被无偿征为绿地，引起村民不满并自发成立护卫队日夜守护，坚持半年有余并最终取得成功。该地块在城中村改造项目中，搭配出售给盛世豪庭开发商，增加了集体经济收入500万元。现在的鲁班园（八喜广场）37.52亩土地也是中上虞河社区的土地，后被征用为虞河绿化用地，在HLC书记一班人的斡旋下，为村集体赢得了每年3.8万元的使用费。

良好的治理执行，强有力的组织保障，中上虞河社区毫无疑问是"城中村"改造的试点村的最佳选择。2005年1月16号下午，中上虞河社区在自己的产业——洛杉矶大酒店召开全体村民大会，进行"城中村"改造试点村动员。经中上虞河社区全体党员和村民代表大会讨论，村两委会反复研究并在征集、吸收村民意见的基础上，2005年2月28日，中上虞河社区制定并出台了《关于中上虞河社区部分区域的搬迁实施方案》（中虞委发〔2005〕第1号）。

---

① 闵学勤：《社区自治主体的二元区隔及其演化》，《社会学研究》2009年第1期。
② 肖林：《"'社区'研究"与"社区研究"——近年来中国城市社区研究综述》，《社会学研究》2011年第4期。

该方案在《中上虞河社区河旧村拆迁安置办法》（中虞委发〔2004〕第5号的基础上重点明确了本次"城中村"改造拆迁范围及时间、拆迁费用与奖惩，以及楼层分配、楼房定价及房款阶段等具体方法，该方案是中上虞河社区"城中村"改造的具体指导性框架。潍坊市"城中村"改造试点进入主操作阶段。2006年年底，中上虞河社区"城中村"安置工程一期17座安置楼全部竣工并通过质监部门验收，分五种户型，708套，总建筑面积6.8万平方米。2007年1月21日分楼范围：对一期回迁的454套楼房一次性分配安置，对二期拆迁约240户暂时先一户分配一套居住。2007年12月8日，中上虞河社区"城中村"改造拆迁安置工作全部完成。历时两年，中上虞河社区"城中村"改造试点村取得了成功。中上虞河社区享誉潍坊市中心城区"城中村"改造第一村。

二 一村一策：城中村改造的"籍""权"博弈主策略

在"城中村"整体改造进程中，政府都十分克制地履行着中心城区分方案制度者与改造工程的主导者职责，小心翼翼地引导着改造项目的市场化、自主化进程，试图"精明地"置身于"籍""权"博弈的主战场之外。有学者[1]指出，第二次世界大战之后西方城市建设在理念上发生这样的转变，即由过去大规模改造的"现代主义"转向以人为本的"城市更新"[2]，更加注重城市人居环境和住区的可持续发展。PPP（Public-Private Partnership）模式[3]得到了较为广泛的采用。而国内"城中村"改造的基本原则[4]主要是整

---

[1] 马航：《深圳"城中村"改造的城市社会学视野分析》，《城市规划》2007年第1期。
[2] 20世纪70年代美国对城市改造的称谓，同期英国的城市改造项目称为"城市挑战"。
[3] 即公私合营模式。以政府作为主导方，通过制定激励政策引导民营资本，在释放公共财政压力同时带入私人部门的高效率以利于政府公共资源配置水平的提升。
[4] 马航：《深圳"城中村"改造的城市社会学视野分析》，《城市规划》2007年第1期。

体性（注重城市的传承与整体和谐）、自发性（鼓励群众积极参与同自上而下的政府规划的结合）、延续性（强调发展的时序性）、经济性（强调城市改造同时要保持经济发展活力）和人文尺度（"城中村"改造要坚持以人为本与可持续发展）。结合潍坊市中心城区"城中村"改造的实践，本书认为，其成功之处在于改造的政府主导性、市场机制的灵活性、改造的群众自主性等方面的坚持。这其中，尤以改造自主性原则、人文关怀原则最为突出。

第一，坚持改造自主原则。从潍政发〔2004〕9号与潍政发〔2006〕25号这两个主导"城中村"改造的政策性文件来看，政府在"城中村"改造的具体时限上、实施方案上的规定都是极其原则和极具弹性的。市政府要求各区要根据辖区内"城中村"实际控制总量、分期改造。文件虽明确了"城中村"改造的重点、难点与居民安置用地改造建设时序，但强调要克服急功近利，原则上用十年左右的时间完成中心城区的"城中村"改造工程。特别是潍政发〔2004〕9号文件规定关于"一村一策"的规定，为潍坊市"城中村"改造工作的自主性提供了政策依据。"一村一策"主要反映在各村《拆迁安置办法》与《改造实施办法》等具体方案措施上的差异，其作用则是调动了"城中村"多元主体的参与热情，既是自治本意的诠释，又是人文关怀的体现。

但从中上虞河社区与西上虞居委会"城中村"改造实施方案来看，在旧宅安置面积的折算方法、按规定时间签订拆迁协议并按时移交旧房产的奖励与优惠政策以及选房顺序等方面的制度规定上的差异都是明显的。《中上虞河社区拆迁安置办法》（中虞委〔2004〕5号）第一条规定了被拆迁户安置楼方面的依据及折算办法：（1）旧宅是平房的，按合法宅基地面积的70%折算安置面积；（2）本办法实施以前，旧宅是2—3层楼的，按合法宅基地面积的90%折算安置面积。本办法实施以后，村民又改建或新建的楼房，安置面积仍按其合法宅基地面积的70%折算。而《西上虞委员会"城中村"改造实施办法》第七条关于"产权调换面积的计算"方法是，本次拆迁的平房，以确权房产面积，二层楼以确权主楼面积，按1∶1比例分配安置面积；扣除院内正方面积，其余面积（含偏方、院落）按1∶0.8分配安置面积。显见的是，中上虞河社区安置面积的折算依照的是合法宅基地面积，西上虞委员会安置面积折算依据的则是确权的房产面积；中上虞河社区的折算办法模糊了村民房产的差异，在2—3层楼房的安置面积的折算上同样是模糊的；得益于后见之明（《西上虞委员会"城中村"改造实施办法》出台于2008年1月，相比于中上虞河社区村的"城中村"改造有后发优势。）而西上虞委员会依据确权房产面积折算方案看起来则要客观、准确、合理一些。但《中上虞河社区拆迁安置办法》（中虞委〔2004〕5号）参考潍坊地区房价，并结合本村实际详细制定了本村的旧房打价方案（见表4—3和表4—4）。

关于旧房产移交的奖惩方案，《关于中上虞河社区部分区域的搬迁实施方案》（中虞委发〔2005〕第1号）规定：按时搬迁并移交旧房的户，按正房北屋间数，每间1000元；在规定时段内搬迁并移交旧房的不奖不罚；超过规定时限的搬迁户，每拖一个月份搬迁扣全家一年的村民福利待遇（口粮补助、节日福利、退休金、残疾人补助金、住楼取暖费补贴及其它）。《西上虞河委员会"城中村"改造实施办法》的规定是：（1）按规定时间签订拆迁协议并按时移交房产的拆迁户，享受以下免费政策：①每户享受10平方米的成本价（1500元/m^2）安置面积；②每户享受20平方米的照顾价（2500元/m^2）安置面积；③每户享受20平方米的市场价（3000元/m^2）安置面积。（2）超出规定时限移交房产的，每拖延1天扣人民币300元。就上述政策而言，从实际得利程度分析，西上虞委员会的奖励方案更为丰厚，吸引力更大。但在超出规定房产移交户的惩处方式上，中上虞河社区村直接与村民福利挂钩，增加了超期移交户的相对剥夺感，给予拆迁户的心理压力更大。关于选房的办法，《西上虞河委员会"城中村"改造实施办法》第十一条明确：各户选房时按拆迁房交钥匙顺序抓阄确定选房抓阄顺序号，安置楼建成后依确定的选房抓阄顺序号再抓阄确定选房顺序，依次选取第一套楼房（全部为多层）；选择第二套楼房时，按确定的选房顺序号倒置顺序，全部为高层；选择第三套楼房时按第一套楼房顺序号进行，根据实际情况选取多层或高层。以此类推。选房方案明确、详尽且与旧房产移交顺序挂钩；而《中上虞河社区拆迁安置办法》（中虞委〔2004〕5号）则只做出了极其原则性的规定——分配楼房时性抓阄的办法。

表4—3　　　　中上虞河社区"城中村"改造项目旧宅
北屋每平方米价格表　　　单位：元/平方米

级别	主要结构	价格	调价及说明
1	砖混瓦面、有楼板、有外墙皮、门窗双裁口	580	无外墙皮减10元，门窗单裁口减10元，外墙贴瓷砖或马赛克按实贴面积每平方米30元
2	无楼板或平顶，其他方面同上	520	木制顶棚，秫秸顶棚以质论价，其他方面同上
3	里生外熟，瓦顶，有外墙皮	465	无外墙皮减10元
4	砖柱，瓦顶	410	
5	土木结构，草顶	360	

注：屋内墙瓷砖、澡盆、面盆、内装饰、供电线路、灯具、水暖、自来水设备、地面铺设等不计价。

表4—4 中上虞河社区"城中村"改造项目旧村偏房及建筑物价格表

单位：元/平方米

	主要结构	单位	单价（元）	调价说明
1	砖混瓦面，有楼板，有外墙皮	平方米	406	无外墙皮减7元
2	砖混瓦面或平顶，有外墙皮	平方米	364	无外墙皮减7元
3	里生外熟，瓦顶，有外墙皮	平方米	326	无外墙皮减4元
4	砖柱，瓦顶	平方米	287	
5	土木结构，草顶	平方米	252	
门楼	铁木门，瓦顶或砼平顶	座	500—1000	
院墙	砖混24墙	跑米	40—60	12墙折半计算
影壁墙	砖混，贴瓷砖，马赛克	座	200—300	

注：（1）表中没列到的建筑物以质论价；（2）厕所中的粪坑、便具及卫生间中的澡盆、面盆、屋内及院中地面铺设等不计价。

"一村一策"方案有利于充分发挥自治主体的主观能动性。在洛杉矶大酒店"城中村"改造动员之后，中上虞河社区充分领会了市政府"城中村"改造的决心，决定要把机会抢在手里，让市、区两级政府的优惠政策落到实处。在明确了《中上虞河社区拆迁安置办法》（中虞委〔2004〕5号），制定了《关于中上虞河社区部分区域的搬迁实施方案》（中虞委发〔2005〕第1号）之后，中上虞河社区积极行动起来，同中标建筑施工单位一起到设计部门聘请设计专家对全村改造进行了高标准总体设计规划，经主管市长签字、规划局批复后正式组织实施。针对安置楼的户型房型等村民关心的问题，村民委员会先后多次组织村民代表研讨，提供多种设计方案、画出设计图纸便于市民更直观地分析、选择，并最终确定了70平方米、80平方米、93平方米、110平方米、125平方米五种房型，充分照顾了居民实际需求和生活偏好。接下来就是选择施工队伍的问题了,再好的设计方案也需要有过硬的施工单位实施才能确保落到实处。中上虞河社区在选择建筑施工单位时格外谨慎,尽管先后有十几家单位通过各种渠道表达了希望承担本村项目施工的意愿,中上虞河社区还是坚持排除人情等外部干扰因素,考察对比,公开竞标,在保证质量、工期、低成本情况下,确定了七家资质高、实力强、信誉好的建筑企业。中上虞河社区还派专人全程参与施工单位建筑材料的购置,严把材料入口关。建筑材料必须满足正规厂家、证件齐全、质量优良、价格合理,经过国家质监部门检验,并坚持对购进材料现场取样,化验合格后方可使用的原则,保证了中上虞河社区"城中村"改造项目主体竣工全部验收为优良工程。

第二,坚持以人为本原则。潍坊市中心城区"城中村"改造的人文关怀首先体现在就地安置、整建制安置的安置政策上。李培林指出:"一个完整的村落共同体,其实具有五种可以识别的边界:社会边界、文化边界、行政边界、自然边界和经济边界。"[1] 传统时期村落的五种边界具有高度的重合性,边界划定的即是村民的生活半径。在相对封闭的村落共同体内部,由于分化程度较低,就较易产生共同的文化认同与心理归属感。尽管城市化、现代化的进程扩大了村民的生活半径,逐步开放了村落共同体的经济边界、自然边界甚或是行政的、文化的边界,甚至诱发了村落共同体由"村落单位到村落公司制的转变"[2]。但村落共同体的社会边界依然是相对清晰的,共同的祠堂、集中的姓氏。因此,异地安置与非整建制安置是社会学家们激烈反对的"城中村"改造形式之一,认为它是以现代主义名义对可持续发展的人为阻隔,破坏了村落共同体的既有社

---

[1] 李培林:《村落的终结——羊城村的故事》,商务印书馆2004年版,第39页。
[2] 李培林:《村落的终结——羊城村的故事》,商务印书馆2004年版,第43—52页。

会结构。在《村落的终结》一书中，李培林曾专文以迁坟与迁居的视角探讨了村落终结的冲突与整合，提及"踢寡妇的门、挖祖宗的坟"都是极悖常理的恶行，往往会引致村民的过激反应。在我看来，这其中的实质意义仍是村落共同体对社会连续性阻断的惶恐与心理应激。得益于后见之明，潍坊市中心城区"城中村"改造项目全部采用就地安置方式进行，村民祠堂的拆迁也采用了集中安放形式并未引起村民的过激情绪。

人文关怀的原则更体现在制度设计、措施制定以村民实际需求为出发点上。除却前述从 70 平方米到 125 平方米大小不等的五种房型的设计，到发放"明白纸"征求村民意见并民主决策安置房配套方案概莫能外。在《关于中上虞河社区部分区域的搬迁实施方案》（中虞委发〔2005〕第 1 号）中还有一条针对老年人的特殊规定，凡年满 70 周岁本村村民，有意愿选取安置楼一层的，按年龄顺序由年龄最长者及以下顺序，优先选房（特例仅限于安置楼一层）。另一个层面上，"城中村"改造的计划性、政策性与村民自觉自愿为基础并未以牺牲村民的个性需求为代价。潍坊市中心城区"城中村"改造项目启动以来，市委市政府成立了时任市委副书记、市长张新起为组长，分管副市长、市长助理及奎文、潍城区长为副组长，市规划与国土资源局、市建设局、市劳动和社会保障局、市民政局、市财政局等市直部门一把手，奎文、潍城分管副区长为成员的领导市"城中村"改造工作领导小组。奎文区委区政府相应成立了时任区委副书记、区长任组长，分管副区长、区直职能部门负责同志组成的区领导小组，各区政府为本辖区"城中村"改造的第一责任人，该项工作列入各区目标管理责任制考核范围，签订目标责任书，年终进行考评。中上虞河社区作为潍坊市中心城区"城中村"改造的试点，毫无疑问地成为市、区、街道和社会各界关注的焦点。2005 年，中上虞河社区进入"城中村"大面积拆迁安置的第一年，市、区、街办"城中村"改造领导小组成员及中上虞河社区两委成员及工作人员，全部靠在拆迁工作第一线，夜以继日、废寝忘食。分组入户宣传政策、思想动员、了解需求、排忧解难，不分昼夜。往往时至深夜工作小组才能凑在一起分析问题，部署工作。即便如此，整个"城中村"改造项目也绝没有出现强制拆迁、暴力拆迁等事件。这一方面得益于村民对于城市化大趋势认同、出于自身生活环境改善、城市形象提升的现实需求，得益于各级"城中村"改造领导小组认真扎实的工作，更得益于指导"城中村"改造总体进程的以人为本的策略。按照《关于加快中心城区"城中村"改造的意见》与《潍坊市人民政府关于加快中心市区"城中村"改造的补充意见》两个指导性文件的指示精神，中上虞河社区"城中村"改造相应采取了精心安排、先易后难、由近及远，重点突破的工作思路，收效良好。时间定格在 2007 年 12 月 8 日，中上虞河社区二期拆迁工程剩余三户才移交旧房钥匙，潍坊市中心城区"城中村"改造中上虞河社区试点工作终告成功。要知道，2007 年 10 月，该村新建成的安置小区——虞景嘉园早已全部落成。

中上虞河社区"城中村"改造试点的成功，为潍坊中心城区"城中村"改造提供了有益的经验，成为"城中村"改造的范例，对全市"城中村"改造工作产生了积极的示范效应。2008 年 1 月，中上虞河社区村的当家人——村支部书记、村主任 HLC 同志因此当选为山东省第十一届人民代表大会代表，并在 2013 年 1 月取得连任。虞景嘉园小区落成后，先后到中上虞河社区参观、取经者络绎不绝，既有改造当前的远村近邻，更有外市外省的政府单位，诸如省内的济南、聊城、枣庄的，省外的辽宁、河北、天津等。早在 2006 年 10 月，时任建设部副部长汪光焘同志视察时就很重视中上虞河社区"城中村"的试点经验，潍坊市"城中村"改造取得了群众满意、整体成效突出的双丰收。

第二节 案例社区的村居改制实践与城乡社会福利制度的全面冲撞

资产改制与撤村改居是"村改居"的关键环节，城乡福利制度的急剧冲撞、整合内嵌于"村改居"前后相继的两个环节之内。透视中上虞河社区"村改居"实践，本研究发现，村居改制的"奎文模式"一方面实现了治理模式、社保制度等的城乡一元，但同时又表现出明显的过渡性——应急性、非彻底性特征。城乡社会福利制度仍有一元整合的空间与余地。

一 集体资产改制的奎文模式及其非彻底性

在中国村居变迁实践中，农村集体资产改制是居于核心地位的环节。《关于加强和改进城市社区居民委员会工作的意见》（鲁办发〔2012〕22号）规定，"先改制，后改居"是村居改制必须坚持的唯一原则。城市居委会依法不具备农村居委会集体经济的管理运营职能，因此，农村集体资产改制本就是村居改制的题中之义。农村社区集体资产改制的实质是农村集体经济经营向现代企业制度转化。但从村居改制的具体操作过程当中的先进行农村集体资产改制，再落实户籍、城市社会保障等实践来看，集体资产改制事实上却错误地成为农民市民化的制度壁垒。

2008年5—6月，潍坊市奎文区委区政府出台了《中共潍坊市奎文区委潍坊市奎文区人民政府关于全区农村社区集体资产经营管理体制改革的意见（试行）》（奎发〔2008〕6号）和《潍坊市奎文区关于印发〈奎文区农村社区集体资产经营管理体制改革试点工作方案〉的通知》（奎政办发〔2008〕114号）两个农村社区集体资产改制的指导性文件，标志着奎文区"村改居"项目的启动。这与党的十七届三中全会"建立促进城乡经济社会发展一体化制度"的政策要求一致。潍坊市"城中村"改造工作正式进入了第二阶段。

农村集体资产改制是"村改居"工作的难点与焦点，也是整个"村改居"进程中最受关注、最为敏感的环节。改制过程需要克服的既有资产量化、分配，接轨现代企业制度等制度操作性难题，又要克服农村集体资产改制尚无具体的法律、政策指导的制度缺位难题。"一村一策"在赋予各农村集体经济改制自主权的同时，也意味着"无法可依、无章可循"。"村改居"是一项极其复杂的工程，而集体资产改制正以其敏感性、复杂性和任务的艰巨性成为事关整个"村改居"全局的关键和焦点。应当指出，集体资产改制既是农村集体经济产权虚置实化，对农村经济组织成员自身利益诉求的制度回应，也是集体经济组织企业制度现代化的自然结果，同样也是村居变迁进程中管理体制理顺的必然要求。中国大规模的市场蔓延过程也是城市及城市远郊、近郊土地增值溢价的过程，"城中村"及城郊农村亦在市场化与城市化双重机制作用下集聚了大量财富，且集体资产现金化的趋势明显[1]，"集体资产正失去集体控制"成为一种普遍的担心。另一方面，由于城市财政实行集中管理制度，作为政府派出机构的街道办事处与城市居民自治组织的社区居民委员会依法没有财政职能。但村民委员会依照《中华人民共和国村民委员会组织法》依法享有农村集体经济的管理、经营权，农村乡镇政府亦有相应的经济管理权和独立的财政职能。因此，已经处在城市管理体制的"城中村"就显得极为另类。

---

[1] 陈燕鸣：《城市化进程中的村级资产改制与村居生活变迁》，《中共浙江省委党校学报》2005年第4期。

农村集体资产改制势在必行。但集体资产改制涉及清产核资、资产量化分配以及改制后的经营管理等诸多与集体经济组织成员密切相关的问题，又兼目前中国尚无全国统一的指导性文件，各地实践多为"一村一策"，差异大，争议也大。近年来，农村社区集体资产改制问题以其焦点性、敏感性已经引起了经济学、社会学、管理学等诸学科的重视与讨论，也有不少出自实践的真知灼见，"怎样才能实现真正意义上的'村改居'？"[①] 可以被视作"村改居"工作的"理想型"。纵观潍坊市奎文区农村社区资产改制进程，我们可以看到其分明的阶段性与程序规范性的鲜明特征。

鲜明的阶段性特征。潍坊市"村改居"工作一个最大的特点就是计划性，呈现出明显的阶段性特征。2006年，潍坊市委市政府根据中心城区"城中村"改造实际及时调整了工作方案，把中心城区"城中村"改造的时限由原来的三至五年放宽到了原则上利用十年时间完成。需要指出的是，这个原则上的十年，不仅是指中心城区"城中村"改造的整体时限，也适用于具体"城中村"改造的个案。以中上虞河社区"城中村"改造为例，该村为潍坊市"城中村"改造试点村，于2007年12月宣告试点成功，"城中村"改造（第一阶段）完成。2010年，该村启动农村社区集体资产改制与撤村改居工作。总体改造工作有很强的计划性、针对性，各项工作次第推进、进行。毫无疑问，农村社区集体资产改制就是这一整体链条上极其重要的一个环节。

根据后来的山东省委办公厅、省政府办公厅出台的《关于加强和改进城市社区居民委员会工作的意见》（鲁办发〔2012〕22号）文件要求："实施'村改居'应坚持'先改制，后改居'的原则，

[①] 曹传柳，粘凌燕：《怎样才能实现真正意义上的"村改居"？》，《中国民政》2014年第2期。

严格规范'村改居'标准条件和操作程序。"① 该文件明确了"村改居"的三个前提要件：一是拟改居村应当位于城市建设用地总体规划边界以内；二是拟改制村集体所有耕地已无法满足本村居民生活基本需要且 2/3 以上劳动力已转移至非农产业；三是已完成集体资产改制，产权关系明确。2005 年，已经启动"城中村"改造计划的中上虞河社区，就其地理区位而言已经是地处潍坊市中心城区，是地地道道的"城中村"，对中心城区的"城中村"改造早已是潍坊市城市总体建设发展规划的题中之义。依村民从业结构分析，早在 20 世纪 90 年代初，该村已经成为无地村，农业在该村失去了作为一种产业形态的基础和依据。2007 年，该村"城中村"改造第一阶段任务已经完成，全体村民喜迁虞景嘉园新居，居住环境大为改善，土地管理制度得到理顺，为该村集体资产改制全面展开的条件已经具备，且已经奠定了良好的基础。

由此而言，2008 年奎文区农村社区集体资产改制的启动，可谓顺势而为。而这又成了其后继环节——撤村改居的基础要件和基石。

程序的规范性特征。农村社区集体资产经营管理工作中存在着诸如"主体不清、产权虚置、分配随意、决策不民主、监督不到位等弊端，同时随着'城中村'改造等工作的深入，空挂户口、学生户口的迁出嵌入、出嫁女、招婿郎等人员的'村民待遇'问题已经成为城中村改造中的难题和关注的焦点"②。因此，作为一种"看得见的正义"，规范的程序运作对农村资产改制显得尤为重要。

---

① 山东省委办公厅、省政府办公厅：《关于加强和改进城市社区居民委员会工作的意见》（鲁办发〔2012〕22 号），http：//paper.dzwww.com/dzrb/content/20120904/Articel04005MT.htm.

② 《中共潍坊市奎文区委潍坊市奎文区人民政府关于全区农村社区集体资产经营管理体制改革的意见（试行）》（奎发〔2008〕6 号），载《奎文区"村改居"社区规范化建设材料》（资产改制），第 65 页。

2008年5月23日，奎文区委区政府制定并出台了《关于全区农村社区集体资产经济体制改革的意见（试行）》（奎发〔2008〕6号）文件，明确了农村社区集体资产改制的重要意义、指导思想、目标要求和基本原则，要求根据各村居实际确定改革的时间与方式，做到"一街一方案、一村一章程，成熟一个改革一个，不搞一刀切"[①]。文件明确了农村社区集体资产改制工作的方法步骤是：广泛宣传发动—搞好资产评估—拟定改制方案—审议改制方案—召开股东大会—召开股份合作社成立大会—资料归档与经验总结。

2008年6月5日，潍坊市奎文区人民政府办公室印发了《奎文区农村社区集体资产经营管理体制改革试点工作方案》（奎政办发〔2008〕114号）文件，为积极稳妥地推进农村集体资产改制工作，决定对钢城经济发展区、大虞、廿里堡等街道部分村进行改革试点。文件细化了农村集体资产改制工作的内容与方法步骤。清产核资中介机构需要社会信誉好、审计评估资质全，并由区改革工作领导小组确认（奎农体改办发〔2010〕1号文件确定山东天健正信会计师事务所等24家中介资格的招标竞标资格），清产核资的范围包括账内和账外资产。所有清产核资资料、记录需清产核资小组成员共同签字确认，街道业务主管部门审核后提交农村社区居民（代表）大会确认，报所在街道和区改革领导小组办公室备案。审计评估机构出具的资产评估审计报告，须提交农村社区居民（代表）大会确认，并报所在街道和区改革领导小组办公室备案。2009年4月，奎文区农村集体资产经营管理体制领导小组印发了《奎文区农

[①] 《中共潍坊市奎文区委潍坊市奎文区人民政府关于全区农村社区集体资产经营管理体制改革的意见（实行）》（奎发〔2008〕6号），载《奎文区"村改居"社区规范化建设材料》（资产改制），第68页。

村社区集体资产经营管理体制改革清产核资操作规程》，进一步对清产核资的内容、步骤、操作程序进行了规范。奎政办发〔2008〕114号文件规定，股份量化方案的制定，须在清产核资与股东资格认定基础上进行，量化方案应包括资产量化、股权设置以及股权界定等主要内容。所涉事项须张榜公布、反复协商并提交农村社区成员大会民主讨论，满足95%以上同意率方可实施。

2010年9月中旬，中上虞河社区启动了本村的集体资产改制工作，并根据改制工作领导小组要求在宣传栏公示了《集体资产经营管理体制改革工作实施细则》（见附录四），也算是鸣响了宣传发动阶段的第一枪。由《实施细则》可见，中上虞河社区的集体资产工作依时间和实施进度明确划分为六个阶段，2010年9月15日—9月25日为第一阶段，主要任务是组建机构、宣传发动；9月25日—10月12日为第二阶段，核心任务是清产核资与审计评估；10月12日—10月17日为第三阶段，核心内容是确定股权制度与确认股东资格；10月17日—10月22日为第四阶段，核心内容是确定股份量化方案；10月22日—10月28日为第五阶段，主要是召开股东大会、成立股份经济合作社（有限公司）；10月28日—10月30日为整个资产改制工作的收尾阶段，主要内容是总结经验与档案整理。2010年9月17日，中上虞河社区党总支、村民委员会召开第一次全体会议，会议研究了《集体资产经营管理体制改革工作方案》，决定以"股份经济合作社"的形式对本村集体资产进行改制，最后成立"潍坊市奎文区中上虞河社区河股份经济合作社"。并决定经济合作社只设个人股，不再设置集体股。会议根据区、街道文件精神，成立村改革工作七人领导小组及办公室，村支部书记、村委会主任HLC同志任组长，村支部副书记、村委会副主任HXC同志任副组长，并抽调专人组建咨询宣传组、清产核资组、人口清查组三个工作小组。并抽调专门人员组成三个工作小组（见中虞委发〔2010〕第 12 号文件）。2010 年 9 月 18 日，中上虞河社区党总支、村民委员会面向全体村民发出了《奎文区广文街道中上虞河社区集体经济管理体制改革征求意见信》，阐明集体资产改制的核心内容、主体程序与关键步骤，并就相关问题征求意见。

2010 年 9 月 28 日，中上虞河社区集体资产经营管理体制改革领导小组发布 1 号公告，中上虞河社区集体资产经营管理体制改革方案经照民主程序召开两委会、党员会议研究，经入户表决，获得通过，并经广文街道党工委、办事处审核、农村社区集体经济管理体制改革领导小组批准，同意实施；按照民主程序，经入户表决通过，确定我村审计评估基准日为 2010 年 9 月 30 日。此后又相继发布中上虞河社区居民委员会集体资产管理体制改革公告第二号、第三号、第四号、第五号，对村集体资产评估、股东资格人员、股权设置、改制后法人治理结构等面向全体村民公告。2010 年 12 月 2 日，潍坊市奎文区中上虞河社区股份经济合作宣告成立。中上虞河社区农村集体资产改制工作全面完成。

农村集体资产改制工作的最直接后果，便是建立并完善了现代企业法人治理结构。这有利于集体资产的现代运营与发展，有利于保护村民的合法权益，也有利于社会的和谐进步。然而，我们注意到，依据《潍坊市奎文区中上虞河社区虞股份经济合作社章程》，中上虞河社区股份经济合作社设置个人股与集体股两种形式的股权，完全否定了原《集体资产经营管理体制改革工作方案》确定的不设集体股方案，而从该股份经济合作社的主要运营管理项目分析（单纯的沿街商业房、商务楼的租赁与管理），集体股股权的设置及其后续集体股收益的使用与管理带来了新的问题。

二 城乡社会福利制度整合的奎文经验及其权宜过渡

农村社区集体经济改制工作的顺利完成，在事实上扫清了撤村改居最后的制度障碍。当然,"村改居"实际工作中也存在着一些"翻牌子"的现象——改居的目的既不是为了理顺基层治理机制、促进集体经济管理运营现代化,也不是为了实现城乡社会保障与公共服务均等化,只是单纯为了避免村委会的换届选举把村委会的牌子换成了居委会的牌子。潍坊市奎文区撤村改居工作整体与农村集体资产改制是相继相容的两个环节。整体来看,农村社区集体资产改制工作启动时间更早——以 2008 年 5 月 23 日奎文区委区政府《关于农村社区集体资产经营管理体制改革的试行意见》(奎办字〔2008〕6 号)的出台为标志;撤村改居则是 2010 年 8 月之后的工作——以《奎文区"村改居"工作实施方案》奎办字〔2010〕46 号文件的印发为标志。两项工作的实际完成在整个奎文区层面上都是在 2010 年的 12 月。依据奎办字〔2010〕46 号文件"8 月底前完成集体资产经营管理体制改革的村完成'村改居'工作;9 月底前其他各村全部完成'村改居'工作"的要求看,撤村并居与农村集体资产改制工作在时间上确有交叉。但从改居目的、交叉时间、工作成效等诸因素考量,潍坊市奎文区"村改居"工作中整体上程序规范的、运作是成功的,并积累了大量成功经验。

2010 年 9 月,中上虞河社区启动了农村社区集体资产改制工作,依据前述奎办字〔2010〕46 号文件,其撤村改居与集体资产改制工作当属时间交叉、同步进行的一类。2010 年 8 月 16 日,奎文区广文街道办事处中上虞河社区居民委员会挂牌成立。饶有趣味的是,这事实上是该村撤村改居的真正开始,而不是结束。

中上虞河社区居民委员会挂牌成立之后,迅速实现了治理结构形式的转化。撤销原村两委,设立社区"两委",原村党组织、村委会成员过渡为社区"两委"成员。由于转化时间短促、人员变化不大等原因,工作人员有时候自己也犯迷糊,以至于在此后的多次行文中出现了村与居的交叉混用。但这似乎并没有影响撤村改居与农村社区集体资产改制的进程与成效。城市居民的政策落实、公共服务均等化工作扎实推进，社区网格化管理逐步深化，成就了中国城乡一体化建设的"奎文模式"。

撤村改居工作启动后，奎文区出台了《关于"村改居"中有关问题的处理意见》（奎办字〔2010〕47号）文件，作为奎办字〔2010〕46号文件的配套方案，共同规范撤村改居工作城乡一体化政策落实，分类提出了相关问题的指导意见。撤村改居后，原村"两委"干部依照《奎文区"村改居"工作实施方案》相关规定过渡为社区"两委"干部，并自2010年10月1日起按奎文区《关于社区居委会工作经费及工作人员生活补贴发放管理意见》享受相关待遇，补贴标准统一为1811元/月（原为543元/月），全面落实五项社会保险，经费由财政全额负担（市区财政按5∶5比例分担）。

村民变居民的政策落实所涉内容更宽，情况也要复杂得多。首先是粮食直补、家电下乡、农村养老保险待遇等相关涉农政策不变。尤其是继续执行农村计划生育政策，已审批二胎生育证的继续有效的5年不变计划生育政策深得民心。其次是社会保障层面的城市低保、"三无"对象、医疗救助、优待优抚、社会保险、医疗保险等制度的落实，不同程度地提高了社区居民的保障水平。居民低保自2010年10月1日起执行城镇低保政策，保障水平提高到300元/月（农村低保标准原为125元/月），保障范围扩大，受保障人数是原来的2倍。义务兵安置、优待抚恤自2011年1月1日起执行城市标准，已经入伍的原农村义务兵家庭有待金继续执行农村3200元/年标准（城镇义务兵家庭优待标准为800元/年），可享受城市义务兵一次性就业安置政策；烈属抚恤金执行城镇标准8060元/年。医疗方面，已参加新农合的，有关待遇享受到当年年底，并自2011年1月1日起享受城市居民医疗保险。既定的城乡教育一体化政策保持不变。

撤村改居基本上是按照城乡相关政策"就高不就低、普惠民生、均等服务"来落实的。撤村改居之后，原本由村集体承担的诸如村道路的兴修、路灯照明设施及用电、村级组织办公运行经费等相关费用转为财政拨款，在提高了标准的同时又相应减轻了村级集体的经济负担。单以中上虞河社区为例，撤村改居之后直接节省的常规支出就达 30 余万元，而同期政府财政经费预算却有了明显提高。奎文区 59 个村庄"村改居"之后市区两级政府年财政支出增加 1500 多万元（见表 4—5）。

表 4—5　奎文区"村改居"财政支出经费有关数据测算　　　单位：万元

项目	"村改居"前财政承担	"村改居"后上级财政承担	"村改居"后区财政承担	"村改居"后合计支出	区财政增加支出	备注
最低生活保障	60.9	336.4	336.4	672.8	275.5	按2010年标准计算
医疗救助	17.5	全部		全部	−17.5	
农村"五保"	13		28.3	28.3	15.3	
义务兵优待	42.3	2.4	10.8	13.2	−32.4	
"三属"抚恤金		4.2	2.7	6.9	2.7	
优抚对象医疗保障	2.8		26	26	23.2	
居民医疗保险	167.9	273	120.1	393.1	−47.8	
"两委"生活补贴	215	358.5	358.5	717	143.5	
社区工作经费		20	20	40	20	
计划生育家庭奖励扶助	34.2	41.9	34.2	76.1		
更换户口簿、身份证			104.3	104.3	104.3	
合计 1	554.3	1036.4	1041.3	2077.7	486.8	

续表

项目	"村改居"前财政承担	"村改居"后 上级财政承担	"村改居"后 区财政承担	合计支出	区财政增加支出	备注
合计2	558.7	994.5	1083.2	2077.7	524.5	上级计生扶助不到位情况下

资料来源：《奎文区"村改居"社区规范化建设材料》。

加强和创新社会治理方式，是"村改居"的应有之义。2010年11月8日，奎文区委、区政府办公室联合出台了《关于进一步深化社区网格化管理的意见》（奎办发〔2010〕32号），文件要求依据和谐社区建设的部署要求，结合奎文实际，坚持"源头治理、动态管理、应急处理"相结合，进一步深化全区社区网格化管理。社区网格化管理是信息技术条件下的一种现代管理新模式。2004年，该模式在北京东城区建成。社区网格化管理模式一经形成，就迅速引起社会各界关注，被视为组织管理结构扁平化、运行动态化、治理源头化的时代新模式，是一种极富生命力的社区治理新模式。为促进和谐社区建设，切实把社区网格化管理落到实处，奎文区委、区政府办公室联合印发了《关于加快推进社区网格化布局调整的意见》（奎办发〔2011〕40号），根据社区网格化管理要求优化调整社区居委会布局，"坚持便于管理和服务的原则，按照服务半径不超过1千米，以街、路、巷、河为界，将全区100个社区居委会划分为51个社区网格"[①]。并依据社区网格实质性调整社区居

---

① 《关于加快推进社区网格化布局调整的意见》（奎办发〔2011〕40号），载《奎文区"村改居"社区规范化建设材料》（撤村改居）。

委会布局，建立"大社区制"，一个社区网格内存在两个社区居委会的，要进行撤并。2011年，根据奎文区社区网格化要求，中上虞河社区居委会成立了大社区，其辖区不仅包括原来中上虞河社区安置小区——虞景嘉园，还进一步涵盖到中央生活城、盛世豪庭等生活区及辖区机关事业单位。但社区治理结构及人员组成进一步"脱嵌"，"按照'四室三站三中心，一厅一台一场所'[①]"构建面向社区提供公共服务、互助服务与社会化服务。撤村改居后，一些年纪轻、素质高、善做群众工作的"两委"成员被充实到了社区工作岗位，进一步完善了"社区——片区（小区）——楼组——单元"社区网格化管理体系。虞景嘉园小区共设20名网格管理员，全部由社区居民代表兼任，有良好的群众基础并与社区居民有良好的互动。网格管理员配备24小时在线工作电话与配备数据采集器，可以现场采集网格事件数据、实施上传并可全程跟踪网格事件处理。社区管理服务中心设在原中上虞河社区办公楼内（后因办公楼拆建新办公楼竣工前临时搬迁至虞景嘉园幼儿园二楼）。社区网格化管理是中国城乡基层治理模式的新探索，是"以人为本"制度理念与现代信息技术结合的新尝试，它进一步理顺了社区管理服务体制机制，有助于"形成'党政主导、公众参与、社会协同、上下联动'的基层工作新格局，实现政府行政管理与基层群众自治有效衔接和良性互动"[②]。

---

① 即多功能会议室、文体活动室、图书阅览室、社区警务室；群众工作站、计生卫生服务站、社区捐助站；教育培训中心、诉求服务中心、居家养老中心；一站式服务大厅；社区管理服务信息平台；室外活动场所。

② 《关于进一步深化社区网格化管理的意见》（奎办发〔2010〕32号），载《奎文区"村改居"社区规范化建设材料》（撤村改居）。

第 五 章

城乡社会福利一元整合的
制度逻辑

案例社区的"村改居"实践呈现了一幅城乡制度变革引致的村落、乡村居民可行能力增长,及其反身性引致的福利制度冲撞与博弈图景。透过纷繁复杂的"籍""权"博弈,发现中国城乡社会福利一元整合的制度多重主体博弈逻辑与机制是本研究的出发点与落脚点。中上虞河社区及其所代表的村居改制的奎文模式提供了一个重要的模式参考与政策借鉴。

第一节 城乡社会福利变革的制度
背景与多重主体博弈

诺斯已经证明,制度一经产生就有其路径依赖,中国城乡分割的福利制度体系亦不能例外。显然地,城乡社会福利制度的一元变革亦不能脱嵌于中国二元社会结构的冲撞、整合路径。"村改居"是一个涉及户籍管理制度、土地所有制、房屋产权制度及就业、养老、医疗、教育、公共基础建设等诸多方面、诸多领域的深层次制度变革,是一个深涉"籍""权"的制度多重逻辑主体的博弈过程。

一　城乡社会福利变革的制度背景分析

周雪光、艾云指出："制度变迁是由占据不同利益的个人和群体之间相互作用而推动和约束的，而不同群体和个人的行为受其所处场域的制度逻辑制约。因此，制度变迁的轨迹和方向取决于参与其中的多重制度逻辑及其相互作用。需要在多重制度逻辑的相互关系中认识它们的各自角色，在行动者群体间互动中解读制度逻辑的作用，并关注制度变迁的内生性过程。"[1] 毫无疑问，城乡福利制度变迁是一个宏观层面的课题，而福利社会学分析过程中通常视国家（政府）、市场、社会为宏观社会的三大主体，基于制度变迁内生性分析的需要与村民个体意愿表达的考虑，以下将主要通过国家（政府）、市场、社区及村民等参与者的角色认知、互动轨迹去尝试发现村居变迁的制度演进逻辑。

折晓叶、陈婴婴指出，制度背景是在具体制度实践当中借助于政府行政指令和市场来运行的。"村庄面临的制度背景是既定的，规定的主体是大社会，往往以国家法规、条例、政策、原则以及正式制度契约等形式存在，它不考虑村民个人或具体村庄的特殊问题，因而是无法选择的。"[2] 制度背景是作为政府行政指令来运作的。在陆学艺看来，城乡二元制度的基础是所有制差异。其中最为主要的，一个是城乡土地制度差异，另一个是经济所有制形式差异。中国长期执行城乡差别的土地所有制——城市土地国有、农村土地集体所有。农村集体所有制土地因工业化、城市化需要而转为非农用途的，需国家依法征收、征用，严格履行土地规划审批制

---

[1] 周雪光、艾云：《多重逻辑下的制度变迁：一个分析框架》，《社会科学界》2010年第4期。

[2] 折晓叶、陈婴婴：《社区的实践——"超级村庄"的发展历程》，浙江人民出版社2000年版，第262页。

度并依法做出用地补偿。补偿的项目内容与标准则因时而异，甚至在同一时期的不同区域也有较为明显的差异。2004 年，国务院《关于深化改革严格土地管理的决定》做出了征地补偿要原则上保障农民生活水平不降低的规定，虽未见到跟进的法律规定或较为明确的实施细则，但已经成为土地征用补偿的指导性规定，并成为村庄、村民维护自己利益的有力依据。国家实行严格的耕地保护制度，执行"土地用途管制"和"耕地占补平衡制度"。

在社会主义市场经济制度逐步确立与日益完善的同时，农村自主生产经营权得到了极大的释放，农村集体经济取得了长足进展。20 世纪 80 年代以后，乡镇企业如雨后春笋般地发展了起来，并显示出一定的生命力。然而，饶是乡镇企业发展列入了国家"七五"规划，一度被视为农业生产的重要支柱、国民经济的一支重要力量和国家财政收入新的重要来源[1]，但其仍继承了其前身——"社队企业"的集体所有制性质，就业方面延续了 20 世纪 50 年代以来长期执行的"就地消化"政策——"离土不离乡，进厂不进城"，"指导思想都是要农民在农村这个大范围内解决自己的生存和发展问题"[2]。总体上依然没有突破城乡二元的思维习惯与制度惯性。

随着改革的不断深入，中国经济社会经历了普遍的市场化洗礼，现代市场制度已经确立，且"等价交换"的市场准则突破经济领域泛化为通行的大社会准则的趋势。就村居变迁的实践而言，市场制度主要涉及劳动力就业市场与土地市场两个大方面。众所周知，中国就业制度改革之前实行城市与乡村相互独立、封闭运行的两大就业领域，城市执行国家计划、分配就业，与相对系统、完整

---

[1] 林聚任：《乡镇企业改制与农村社会可持续发展研究》，山东大学出版社 2001 年版，第 1—2 页。

[2] 郭书田、刘纯彬：《失衡的中国》，河北人民出版社 1990 年版，第 28—29 页。

的社会保障制度相结合；农村主要是农业产业及相对比较薄弱的农村经济，理论意义上土地是从业者的基本保障。无论是城市还是农村都不存在所谓的就业市场，体制之外几乎没有就业的空间。20世纪90年代以来，中国城市就业领域经历了"双轨制"到"市场化"的转变，机制完善的城市就业市场已具雏形。与此同时，农村剩余劳动力流动的刚性制度约束松动，农村劳动力城市就业更多地受制于教育、技能等后致性因素，城乡就业差别对待刚性制度障碍已基本破除。土地市场主要是指与城市化和"村改居"紧密相关的、城乡土地所有制转换形成的市场及其制度形式，大规模的城市蔓延催生了庞大的土地交易市场。由此滋生的腐败、幕后交易及房地产大热带来的生活压力，也造成了土地市场的污名化。

农村社区村民委员会与城市社区居民委员会都是基层群众性自治组织，依法进行自我管理、自我教育与自我服务。与城市居民委员会不同的是，村民委员会享有发展、经营、管理集体经济的权利，和依法管理集体所有的土地与其他财产的权利。村民委员会作为集体经济组织管理者，还依法接受本组织成员申请宅基地的权利。农村村民委员会在村民生产生活中居于十分重要的地位，在很大程度上避免了社会个体因缺乏必要的中间组织而只能直面国家的社会原子化的风险。这也使得基层群众性自治组织在制度设置中具备了某些居中、调和的职能。

二 社会福利一元整合的多重逻辑主体制度博弈

都市蔓延催生的土地财政问题，显示了土地征用当中土地收益、补偿制度的不合理。据统计[①]，2000—2003年，全国土地出让收入总

---

① 陈锡文、赵阳、陈剑波、罗丹：《中国农村制度变迁60年》，人民出版社2009年版，第61页。

额为 9100 亿元，此后全国土地出让金一路走高，2004 年单年度达到了 5894 亿元，2007 年更是单年度超过了 12000 亿元。有研究指出，在一些地方土地出让金收入占政府预算外收入的 60% 以上，这无疑是对地方财政紧张的一个极大缓解和极其重要的补充。要知道，1994 年国家实行分税制之后，地方收入财政占比从 78% 下降到了 47.7%，一度造成了地方政府财权与事权的紧张。全国土地出让金在 2007 年达到了峰值，2008 年与之相比下降了两成半还多。此后，全国土地出让金呈逐年下降趋势，"土地财政"大有难以为继的趋势。然而"村改居"还常常被贴上"面子工程""政绩工程"的标签。

但这些都无法动摇政府"村改居"的决心，"村改居"既是城市现代化不可逆进程当中的组成部分，更是对居民改善生活环境现实需求的回应，农村社区集体资产改制在本质上有利于建立和完善现代企业制度，推进基层社区经济社会的全面进步。非但如此，城乡一体化制度的落实还需要强有力的财政支撑。以潍坊市奎文区"村改居"为例，59 个"城中村"改居之后单年度直接增加财政支出预算 1500 余万元（见表 4—5：奎文区"村改居"财政支出经费有关数据测算），占当年度城乡社区事务支出（2.35 亿元）的 6.4%。而根据潍政发〔2006〕25 号文件，村居改造还享受诸如居民安置住宅和小学、幼儿园免收公共配套设施所有行政性规费、各类基金、保证金，规划设计费用减免，生活保障用地土地收益按规定返还等优惠政策。免费换发新居民户口簿、身份证，产生的费用由公安分局专项经费处理。正如有地方政府工作人员指出的，城乡一体化的落实是一项极费钱的工作，"城中村"改造及"村改居"进程往往诱发甚至是激化矛盾，蕴含许多未知的风险，改造更多地意味着风险、责任和决心，远不是一种政府纯盈利的单向模式。

房地产商往往是一夜暴富者的代名词，而暴富的背后往往被贴上"权钱交易""贪污腐败"等"非市场""非常规"运作的标签。转型中的制度不完善似乎成了暴富者的温床。基于这样的顾虑以及村民利益最大化的考虑，潍坊市各社区"村改居"进程中大都极力回避开发商独立运营的模式，或是自己成立建筑公司或是招标有资质的建筑公司承建。中上虞河社区采取的是招标建筑公司的做法，而同属奎文区的孙家社区、十甲社区则采用了村集体建筑企业承建模式。"城中村"改造虞景嘉园40座居民楼、幼儿园及所有建筑施工，中上虞河社区从未与开发商直接打过交道。他们采取公开招标方式，面向全国招标资质高、信誉好的施工单位，坚持跟踪、参与、监督建筑施工全过程，参与建筑材料的购置并坚持现场先取样后使用的用料原则。正如中上虞河社区HXC所说的那样，"我们通过自己的参与、把关确保我们建成的是我们想要建成的小区，住的是我想住的房子"。

　　村委会是农村集体经济组织的实际管理者，依法管理集体资产、发放集体福利并依法接受集体经济组织成员的宅基地申请等。村委会负责处置与村民切实利益相关的事项，"两委"成员是一种身份象征，是村民希望结交而不愿轻易开罪的对象。从社会属性上来说，村民委员会是基层群众自治型组织，由有选举权的村民合法选举组建，在本质上既不是政权机关，又不是政权机关的派出机构，不具有行使行政职能的制度依据。但在具体的村务与集体资产管理实践中，村委会一方面依法接受乡镇政府的指导与管理，并受乡镇政府委托代行某些乡镇管理职能；另一方面代表全体村民行使组织管理权，但由于集体资产产权虚置，村民利益在实践中往往难以量化。政府交办的工作往往是明确、具体、可绩效考核的；而村级事务常常又是不具体、不明确。这就造成了一些基层自治型群众组织背向村民、面向政府搞服务的功能错位现象。在一个强有力的行政体系为核心的治理框架下，基层群众性自治组织很多时候看起来是其中被绑定的一个环节。"城中村"改造也好，集体资产改制也好，撤村改居也罢，所有的进程都在按政府规划、既定的政策方案走，各级政府有各级政府的时间进度、措施步骤，各村也有对应的实施细则，步调一致且环环相扣。一个有战斗力、有执行力的村委会领导集体是乡镇政府乐于见到的选举结果。

农村集体经济组织毫无疑问有自己独立的利益。依法行使管理职权，村委会的成员们同时也是该集体经济组织成员，个人利益与集体利益高度一致。这也就有了制度博弈的产权基础。中上虞河社区的购地、护地事件，管网、电缆入地项目的运作成功，皆是在既有的制度背景下理性选择的结果。20世纪末，中上虞河社区的两次土地收购案成为该村理性运作的经典案例，至今为村民们津津乐道。1990年，中上虞河社区两委决定筹措资金收购原潍坊市工具三厂、工具四厂的两块用地，包括厂房；2000年，该村又以180万元的价格成功收购了韩尔庄王家25亩土地。单后一笔收购就为中上虞河社区创造了1600余万元的净收益，可谓是成功运作的典范。村集体投资的企业、沿街商业房也都获取了高出投资若干倍的净收益，很好地实现了集体资产的保值增值，充实了村集体公共积累。

中国宪法规定，为实现公共利益的需要，可以依法实行土地征收或征用并给予补偿。但《土地管理法》《物权法》等具体部门法并未对何为"公共利益"做出明确、具体的界定，这就造成了具体征地实践中公益性建设用地与经营性建设用地不分，大量经营性、商业性用地扯公共利益幌子的乱象[①]。2004年7月，中上虞河社区涨洒河周边7.58亩土地被无偿征为公共绿地。对此全体村民不认同、不同意，并成立了小队昼夜坚守护地长达半年之久。该地块在"城中村"改造过程中搭配出售给盛世豪庭开发商，赢得了500万元的纯收入。村集体又利用该项资金，扩建了沿街商业房、增加了

---

① 陈锡文、赵阳、陈剑波、罗丹：《中国农村制度变迁60年》，人民出版社2009年版，第59页。

商业房的租赁面积。鲁班园（八喜广场）虞河北岸37.52亩土地也是同样的情况，后几经谈判、周旋，最终达成了自2005年10月开始每年支付3.8万元使用费协议。

管网、电缆入地项目则是成功运用区位优势的运作典范。虞景嘉园的全国建成标志着中上虞河社区"城中村"改造第一村的试点成功。在小区建设基本完成阶段，供热采暖问题提上了村两委工作的议事日程。小区规划总用热面积17万平方米，其中，一期工程用热面积为12.4万平方米，二期工程为4.6万平方米，计划筹备建设三处换热站。按每平方米管网配套费35万元，需支付配套费595万元。考虑到周边新建小区热力管道必须经过虞景嘉园，客观上占用中上虞河社区土地的实际，村委会多次与周边小区开发商磋商，最终达成协议，实纳管网配套费用375万元，为村集体节省资金220万元。小区建成后，仍有高压线杆矗立在小区，既不美观又不安全。但电缆入地成本较高，经有关部门测算，材料费加人工费在240万元以上。而且该线路属电力公司不受地方政府管辖，协调难度大。2011年，虞景嘉园北邻中央生活城、盛世华庭两个居民小区相继建成，其生活用电线路必须经过虞景嘉园小区，为不影响楼盘发售，两开发商出面跟有关方面协调，最终达成协议，电缆入地有关手续由两小区开发商办理，中上虞河社区股份合作公司出地，两小区开发商承担电缆入地费用，电缆入地问题终获圆满解决。

村委会居中协调职能还体现在村民的自我教育、管理和服务方面。规范沿街出租房管理、杜绝私搭乱建与拆除狐狸养殖场占据的是道义高地。针对个别沿街房承租户拒不履行房屋租赁合同，既不交租又不退租的现象，村里采取了封门、换锁的强制措施，并限期足额缴费租金；就旧村改造过程中已安置新房，又在旧址上私搭乱建的行为，采取的是限期拆除的强制手段；狐狸养殖场的拆除相对要平和一些，按照养殖场初建时的口头协议，村集体用地时必须无条件拆除。而"城中村"改造过程中，各村采取的主要是经济激励措施。中上虞河社区关于旧房移交奖惩的规定即是如此。《关于中上虞河社区部分区域的搬迁实施方案》（中虞委发〔2005〕第1号）第三条做出了关于旧房移交奖惩的规定，明确：（1）2005年4月1日至2005年4月30日搬迁交旧房的户，按正房北屋间数，每间1000元，与第一次发放搬迁费同时付清；2005年5月1日至2005年5月31日交旧房的户不给予奖励。（2）2005年5月31日后搬迁的户，每拖一个月份搬迁扣全家一个年度的村民福利待遇（口粮补助、节日福利、退休金、残疾人补助金、住楼取暖费补贴及其他）。惩罚措施直接与集体经济组织成员的福利待遇挂钩，已经超越了纯经济手段的范畴，涉及福利享受资格的问题，是一种具有社会意义和心理意义的威慑手段。

毛丹在分析 J 市城郊农民不愿做市民的成因时，采用了修正后的斯科特农民道义经济学模型，指出城郊农民对"村改居"的排拒主要来自不安全感，农村社区的集体经济改制与撤村改居进程破坏了农民的安全条件，而又无法提供令人满意的替代方案，以为发现了"城郊农民的安全经济学"[1]。显然，中心城区的"城中村"与城郊村有着很多的不同，尽管在经济所有制形式、治理制度形式上二者并无本质差别，但二者在集体经济的产业形态以及居民的生产生活方式上有着很大的"城乡差别"，前者往往因地理区位优势属先发展起来的一部分，强大的集体经济积累、非农的从业状态及与城市居民无异的生活方式甚至是思维方式，后者的"村改居"则往往意味着失地、失业和无保障。以此来看，"郊区农民的安全经济学"似乎并不适用于"城中村"农民的选择逻辑。但从二者的选

---

[1] 毛丹、王燕锋：《J 市农民为什么不愿做市民——城郊农民的安全经济学》，《社会学研究》2006 年第 6 期。

择逻辑与利益纠结点分析，他们关注的还是一回事——生存机会的获取极其扩大，本质上是一种生存理性。"贴面楼""亲吻楼""一线天"等"城中村"建筑是生存理性最直观的告白。村民霸占集体的沿街商业房、旧宅基地上的私搭乱建也是生存理性的写照，中上虞河社区拖到最后拆迁的那两户居民也无非是想以自己的坚持换取更大生活机会的筹码。

"村改居"过程中村民的制度理性是以一种整体理性的方式呈现的。潍坊市中心城区"城中村"集体资产改制与撤村改居进程中坚持的"一村一策"方案，在政策层面上为村民诉求的整体表达创造了条件。《奎文区农村社区集体资产经营管理体制改革试点工作方案》对农村集体资产改制工作的方法步骤提出了明确而具体的要求：清产核资报告要提交社区居民（代表）确认；审计评估报告要提交社区居民（代表）确认；股权界定、量化、分配方案须提交农村社区成员大会民主讨论，95%以上成员通过后方可实施。"村改居"实践中也是通过发放明白纸、张贴公示栏，入户表决、发布公告等形式，并经村民大会、村民代表会议等民主方式反复协商最终形成了各具自身特色的"村改居"实施方案。从中上虞河社区与西上虞居委会住房安置方案、奖惩措施与奖惩依据的不同之中，我们可以看到这种集体理性的表达差异。

第二节　组织机构变迁及其福利功能分析

"村改居"集中刻画了中国城乡二元制度的全面冲撞、博弈与整合，浓缩着城乡福利制度一元化的全部特征与努力。然而，由于城乡二元结构存续时间长且通过制度间的相互强化不断固化，涉及面宽、影响深远。这也同样反衬出变革之艰、冲撞之巨、整合之难。本节剖析城乡结构变迁之组织系统、规则系统等制度要素，并说明其在组织绩效与社区整合两种福利机制发挥中的新两难处境。

一 新建股份经济合作社及其组织效率

从制度的组织要素来看，村居改制主要是居委会取代村委会、社区股份经济合作社取代农村集体经济组织的过程。鉴于《农村集体资产管理条例》"未建立集体经济组织的村，可以由村民委员会行使集体资产的管理职能"[1]的规定，我们也可视"村改居"为一个组织结构分化的过程，由"经社合一"的村委会分化为单一经济职能的股份经济合作社和单一社区服务职能的居委会的组织变迁过程。经济职能分化与股份经济合作社的建立依据的《村委会组织法》《居委会组织法》《土地承包法》等法律制度，以及《农业部关于稳步推进农村集体经济组织产权制度改革试点的指导意见》（农经发〔2007〕22号）及地方性政策文件；撤村改居及改居后的社区建设主要依据的则是两个组织法与《关于加强和改进城市社区居民委员会建设工作的意见》（中办发〔2010〕36号）等制度规范。

农村社区集体资产改制既是理顺农村集体经济资产产权关系的需要，也是农村集体经济组织向现代企业转型升级的现实需求，是农村综合改革深化的重要标志和关键一环，对实现农村集体经济的保值增值、集体经济的健康可持续发展意义重大。随着城市化的快速推进、都市的迅速蔓延，大量远郊村经历了近郊村、近郊村成为"城中村"的变化，伴随着集体土地迅速增值。李培林指出，与发达国家相比，我们的城市化"还有具有巨大的转型弹性和转型红利……土地增值是城市化的必然结果和农民走向富裕的通途"[2]。事

---

[1]《山东省农村集体资产管理条例》，1999年12月16日起执行。
[2] 李培林：《当代中国城市化及其影响》，社会科学文献出版社2013年版，第9—10页。

实上，也正是在这一进程当中，许多农村集体经济组织实现了初始的资本积累。20世纪八九十年代，潍坊市中上虞河社区在原来队社经济的基础上，利用城市化进程中的土地征用补偿金，迅速建立并发展起了强大的集体经济，劳动力就业迅速向非农产业转移，村民生活非但没有因失地受到影响，反而有了不同程度改善。村办集体企业一时欣欣向荣，更有中联实业单年度销售收入过亿元，利税过千万的明星企业。1997年，中上虞河社区整合潍坊港峰纺织有限公司、潍坊洛杉矶风味酒家有限公司、潍坊市奎文区中虞建筑公司、中联实业总公司等十大村办企业，组建山东中乾集团公司。中上虞河社区集体经济发展达到了顶峰。

但村办集体企业终未能突破自身经营管理体制的局限，未能承受住体制内国有大厂与体制外民营企业双重夹击，或倒闭或改制或出租。时至今日，中上虞河社区曾引以为傲的山东中乾集团早已不复存在，其旗下十大实力实业也只剩下了改制后的潍坊港峰纺织有限公司，"腾笼换鸟"到了坊子区。2000年后，潍坊洛杉矶风味酒店——这座营业面积超过3000平方米，总投资698万元，见证了中上虞河社区"城中村"改造启动的村办企业，潍坊市曾经的"十佳文明酒店"终究未能跳出经验不足、经营不善、管理混乱的窠臼，连年亏损被迫关停。然而，由酒店经营转为房产租赁也并未改变入不敷出的窘境，35万元的年租金更是难以换回投资成本，且因年久失修出现了瓦掉雨漏现象，维修费用就需要100万元以上。酒店最终出售给了一个商户，收回资金1900万元。后来，中上虞河社区又把这笔资金充实到了沿街商业房的开发当中，而沿街房租赁现在几乎已经是中上虞河社区股份经济合作社唯一支柱性收入来源。潍坊洛杉矶风味酒店的兴办、辉煌、没落关停、出售，以及回收资金的眼界商业房再投入模式，几乎成立"城中村"农村集体经济发展的既有模式，具有广泛的代表性。

然而，土地增值收益与农村社区集体资产经营毕竟实现了村集体的初始资本积累。经审计评估，截止到 2010 年 9 月 30 日，中上虞河社区集体全部资产总额 33856 余万元，净资产总额达到了 29222 余万元，其中可配股量化经营性净资产为：28650 余万元，非经营性净资产（公益金）为 571 余万元。那么，庞大的"集体共同所有"的庞大资产到底归谁所有？收益分配给谁？又由谁来进行管理运营呢？农村社区经济资产亟须明确的产权界定、现代企业的管理运营和集体资产的经营管理体制的理顺。2010 年 9 月 18 日，中上虞河社区党总支（原中上虞河社区党总支）、中上虞河社区居民委员会（原中上虞河社区民委员会）、中上虞河社区农村集体资产经营管理体制改革领导小组联合制定了《中上虞河社区居民委员会（原中上虞河社区）集体资产管理体制改革股东资格界定办法》（中虞委发〔2010〕第 15 号），明确依据"依据法律、尊重历史、公平合理、民主自治、公开公正、实质重于形式"原则，根据村民的户籍、履行村民义务和享受村民待遇等实际，认定 2107 人具备股东资格。认定范围包括享受本村村民待遇且截止到基准日仍健在的；本村在校大学生、享受本村军人待遇的解放军、武警部队的现役义务兵和符合国家有关规定的三级以下士官。该文件确定 2010 年 09 月 30 日 24 时为股东资格认定的时间基准。2010 年 12 月 1 日，中上虞河社区居民委员会发布《中上虞河社区居民委员会集体资产管理体制改革公告》（第二号），经中上虞河社区居民委员会集体资产管理体制改革领导小组、清产核资小组、村民代表进行清产核资后，由中上虞河社区集体资产管理体制改革领导小组聘请区政府确认的山东正源和信有限责任会计师事务所潍坊分所和潍坊精诚资产评估事务所进行审计评估，截至 2010 年 9 月 30 日，中上虞河社区居民委员会集体资产评估情况为全部资产总额约 3.39 亿元、全部负债总额约 0.46 亿元、净资产约 2.9 亿元。其中经营性净资产约 2.87 亿元，非经营性净资产（公积公益金）约 572 万元。根据《潍坊市奎文区中上虞河社区股份经济合作社章程》（2010 年 12 月 2 日），原中上虞河社区的集体资产全部转入整体改制，以资产合作为主成立新型集体经济组织，定名为"潍坊市奎文区中上虞河社区股份经济合作社"，依法进行资产管理、资产经营、资产积累和收益的分配。股份经济合作社全部资产由全体股东按股份共有，可量化经营性净资产约 2.8 亿元作为总股本金划分为集体股和个人股，其中集体股金为约 0.57 亿元，占可量化资产的 20%；个人股金为约 2.29 亿元，占可量化资产的 80%，股权总数为 2107 股，每股净资产为约 10.88 万元，余额 2047.48 元计入公积公益金。集体股的所有权属于本社的全体股东共同所有，其收益主要用于改制后的遗留问题和发展公益事业；折股量化到人的股份，具有法律意义的财产所有权，受法律保护。

根据章程，中上虞河社区股份经济合作社设立股东代表大会、董事会、监事会，建立现代企业管理制度。股东代表大会是股份经济合作社最高权力机构，由年满 18 周岁有选举权股东选举产生，每届任期 5 年，可连选连任。中上虞河社区股份经济合作社股东代表大会由 42 人组成。经全体村民入户表决，首届代表大会组成原中上虞河社区村民代表直接过渡为股东代表，不再另行选举。董事会是股份经济合作社常务决策机构和管理机构，对股东代表大会负责。中上虞河社区股份经济合作社董事会由 7 人组成，设董事长 1 人，董事 6 人，董事长是合作社法定代表人。2010 年 12 月 18 日，中上虞河社区股份经济合作社第一届董事会经选举产生，HLC 任董事长，HXC 任副董事长，HLJ、LHQ、HXW、HXY、HXQ 等 5 人任董事。监事会由 3 人组成，设监事会主席 1 名，兼职监事 2 人，监事会成员候选人由新一届股东代表大会选举产生，可连选连任。中上虞河社区股份经济合作社首届监事会成员由村党组织从现任村管理人员、村民主理财小组成员中提名产生，首届监事会主席为HJB，WJZ、WGH任监事。股份经济合作社实行民主管理、独立核算、自主经营、自负盈亏，股份平等、同股同利、利益共享、风险共担。

　　撤村改居是村居变迁的另一个中心环节，新组建的城市居民委员会承继了原村民委员会的社会管理职能。2011年，社区制的推进使得中上虞河社区大大突破了原有中上虞河社区的辖区范围，社区工作人员由街道办事处派驻，有事业编制，完全实现了社会管理与经济管理职能分离，真正实现了城市基层群众性自治组织的制度功能转变。但虞景嘉园小区毕竟是原中上虞河社区"城中村"改造安置小区，户均2.8套、人均住房面积70平方米，居民以原村民为主，"外人"不足2/5。无论从理论、情感还是现实管理层面需要来看，小区的管理都需要有原住民的声音。而事实上，中上虞河社区股份经济合作成立后，也并没有放弃原村民（股民）的服务与管理。虞景嘉园的社会管理归口社区居委会，但在实践中却也多以合作社为主或由合作社协助完成，比如计划生育管理等。在监事王建忠看来，股份经济合作社与社区的关系就好比企事业单位与当地社区的关系，事实上承担一些社会管理职能也是很正常的事情。股份经济合作社的组织构架除董事会、监事会外，还常设办公室、财务室、保卫科、三产办（房屋租赁等）、房产办、基建科、计生办、物业办等常设机构，建有党员活动室、老年活动室、会议室等活动场所。"村改居"之后，经过集体资产改制村民变股民，中上虞河社区股份经济合作社2107名股民，可以按股权享受合作社年终分红，享受每年每人粮食补贴2400元；中秋节补贴300元；春节补贴300元；供暖补贴500元。60岁以上老人每年共发放补助金为9600元，平均每月800元；老人节补贴1300元（内包括鸡蛋、花生油、面粉、大米、肉、茶叶6样物品）。

关于农村集体资产的改制，学者大多是从产权明晰与现代企业制度层面去分析，而忽略了其社会意义的发现与挖掘。而股份经济合作社通过资产量化、股份平等、利益共享与风险共担机制在客观上强化了原村民之间的经济利益联结，"生不增、死不减、进不增、出不减、可继承"的个人股管理制度与"股权只能股东内部转让"的流转原则具有更加突出的排他性，有利于增强集体认同感。由此看来，农村社区集体资产的改制，非但不是原生活共同体的终结、消失，反而通过更明确的利益纽带强化了与原生活共同体的认同感、归属感。

股份经济合作社具有一种明显的自我强化机制，具有阿瑟所指出的锁定效应，但这样的股份经济合作社似乎不是一个有效率的组织形式。新制度主义经济学判定，"有效率的经济组织是经济增长的关键，一个有效率的经济组织在西欧的发展正是西方经济的原因所在。有效率的组织需要在制度上做出安排和确立所有权以便造成一种刺激……"[1] 诺斯提供了一个"简单静态模型"，该模型提供两种约束——竞争约束与交易成本约束[2]，以帮助说明经济组织无效率产权的产生。简单来说，就是通过限制竞争、简化交易以降低交易成本的方式制造了经济组织的低效。中上虞河社区股份经济合作社的资产运营收益主要来自于沿街商业房租金收入与潍坊港峰纺织有限公司的股金分红，前者运营余地有限，后者只是坐地分钱，二者都难言激励机制与绩效考核。而合作社管理者或者早期管理者皆由原村"两委"成员转化而来，一时还无法顺利完成身份、职能的转变。

---

[1] ［美］道格拉斯·诺斯、罗伯斯·托马斯：《西方世界的兴起》，厉以平、蔡磊译，华夏出版社2009年版，第4页。

[2] ［美］道格拉斯·诺斯：《经济史上的结构和变迁》，厉以平译，商务印书馆1992年版，第34页。

二 从"二元社区"到"敦睦他者"

自周大鸣提出并使用了"二元社区"[①]概念以来，社区研究尤其经济发达的村镇、城乡接合部、"城中村"以及"村改居"的社区研究获得了新的学术生命。它催生的不仅是社区实证分析，更作为一种新的视角、新的思维，对中国城乡社区研究有着极其深远的影响。周大鸣是在对珠江三角洲村庄与集镇外来工与本地人的研究时首次使用"二元社区"概念的，用以指涉二者基于分配制度、职业分布、社会心理以及聚居与消费娱乐方式等五个方面的系统差异。他指出，"寄生经济"与"地方本位"是二元社会形成的主因。本书采借"二元社区"概念，刻画改居社区原居民（合作社股民）与社区新居民（改居之后的新搬迁入住户）在经济活动、社区参与、人际交往与心理归属上的系统差异，及改居"二元化"形成的制度根源与历史成因。

与周大鸣最初使用"二元社区"的分析目的不同，本书更在意社区整体层面上的关注，而不是简单地从职业身份入手。过分强调社区经济因素的功能与价值从来不是社会学的传统，但这并不是说社会学的社区研究漠视或有意忽略经济及本源性经济制度的作用与影响。经济学已经足够强大、市场规律也早已深入人心，我们需要更加全面地刻画我们生活于其中的社会，真实再现社会的本真。这里需要明确的是，在改居之前，作为一个生活共同体——村落就已经存续了数百年甚至上千年。如前所述，中上虞河社区立村于明初洪武年间，韩、马二姓自此在这里生息繁衍，清初有了王氏一脉，后虽有杂姓陆续迁入，但村中仍以韩、马、王三姓居多，韩姓更有

---

① 周大鸣：《外来工与"二元社区"——珠江三角洲的考察》，《中山大学学报》（社会科学版）2000年第2期。

全村村民的 50%—60%，虽亦可区分宗族、分支，亲疏远近，但皆出一脉，份属同宗。后虽经文革诘难、"杀熟"① 冲击，但毕竟血浓于水。时至今日，社区居民仍以辈分相称，不同姓氏之间辈分多以邻里、通婚等关系确定。他们生于斯、长于斯，守望相助，对这里的一草一木、一砖一瓦都有深深的情感认同。

居民间的集体认同在村居改制进程中得到了强化。失地过程当中的利益博弈、集体福利以及各种补贴是改居之前村集体的主要利益联结点。改居进程中的旧房拆迁安置、集体资产改制的股东资格认定、股权内部流转的规定以及合作社利益共享、风险共担的原则，加之政府"一村一策"制度的坚持，各民主环节的酝酿，社区原居民的集体认同感被充分唤醒，并通过经济纽带进一步强化。这里，我们需要对这个利益联结纽带做有限的解读，对有研究视股份经济合作社股权封闭性为"二元社区"根源的结论持保留意见。在我看来，利益联结或者说明确的利益相关性只具有唤醒并进一步强化的作用机制，而不是社区集体认同感的所有根源。

居民之间的社会交往方式、频率以及对社区的参与也正说明这一点。我在中上虞河社区调研的时候，正赶上村里修村志，韩姓、马姓新修族谱。在"城中村"改造之前在村里都还建有祠堂，每逢年节就有一些"请家祠"之类的纪念活动，父慈子孝、邻里守望共同体行动的规则，约定俗成。守望相助的传统被最大限度地保留了下来。遇有红白喜事，同姓本家、左邻右舍都会帮忙，不论忙闲；遇事也会随份子，不在多少。原来的村委会、现在的合作社也都会出面协助，合作社的车辆也会优先供他们使用，还可以帮助协调其他村社的车辆。或许在原居民的心里，合

---

① 郑也夫：《信任论》，中国广播电视大学出版社 2001 年版，第 222—248 页。

作社更多还是那个原来的生活共同体，永远不该也不会成为一个唯利是图的"包租婆"。与之相对照，社区新居民或许也有增进社区内部交往的需求，只是一时不得其门而入。但城市社区建设当中的社会低参与问题确是一个值得关注的问题。早在2001年，孙立平就注意到了社区建设当中居民热情远低于政府积极性的怪象。你会抱怨社区环境、政府努力、社区建设与社区服务，但却不会自伸双手去改变，要知道这可是你生存、生活的地方，无论如何你都是利益相关方。一端是政府采取各种措施大力推进社区发展与社区整合，另一端则是社区居民事不关己、高高挂起的冷漠，"我的社区你做主"——难以理解却普遍存在。有的学者尝试过利益"缺场"或"在场"看待和分析，但似乎依然没有把握问题症结，说到底还是归属感与责任感问题。经由农村社区集体资产改制，村民变股民，参与分红，股权可继承、内部转让但不能对外买卖，毫无疑问起到了集体认同与社会凝聚的制度后果；而社区新居民因股权流转的封闭性，孩子入托、学生乘车、高考奖励、养老福利、物业补贴等制度性差异似乎总有明示或暗示的作用，影响着共同体的一致性认知与归属感。

2011年，潍坊市奎文区为加快推进社区网格管理，重新调整社区网格布局，实行大社区制，新中上虞河社区居委会大大突破了原中上虞河社区域的范围。虽中上虞河社区居委会驻地未变，依然设在原中上虞河社区办公楼（由于原办公楼拆建新楼，先临时租住虞景嘉园幼儿园二层办公），但居委会服务的范围更大了。居委会工作人员也发生了大幅度的变更。根据《奎文区"村改居"工作实施方案》（奎办字〔2010〕46号），撤村设居后新组建的社区居委会带有很强的过渡性质，"区政府批准后，撤销原村党组织、村委会，按原管辖范围，设立社区党组织、社区居委会，原村'两委'成员过渡为社区'两委'成员，原村民代表、村小组长过渡为设居民代表、小组长……"而在这一过渡期，整个社区管理表现出很大的适应性，虞景嘉园小区院内设的两处电动车停车棚，面积1800平方米，供社区居民免费充电、停放；社区配备了网格管理员（兼楼长）20名，除卫生保洁外还负责联系住户、组织活动等。实施大社区制以后，股份经济合作社管理人员不再兼任社区居委会人员，社区管理与服务真正转化为居委会的职能，但原居民的管理者很大程度上还要依仗股份经济合作社。如前所述，虞景嘉园是原中上虞河社区的改造小区，居民以原居民为多，管理与服务仍多由股份经济合作社或其新组建的物业提供。有社区新居民很喜欢这里的氛围，只要跟你的邻居熟识了你就似乎可以跟整个小区打成一片了，而且小区很卫生、治安状况好；但也有的一时还难以融入进来，总有"外人"的感觉。组织管理机制的不顺畅无疑加剧了"二元社区"问题。

要彻底改变新居民归属感认同感不足、社区参与意愿不强的问题，加强社区民主机制建设，促进居民民主参与是关键。在这一点上浙江宁波市基层治理经验[①]值得借鉴，他们创造性地发展起了"和谐促进会""小墙头热线"等基层融合性组织，主动邀请后入住村民共同参与社区事务的协商、管理，这样可以更好地帮助社区新居民从"二元社区"完全过渡到"敦睦他者"，逐步实现村改居社区的全面融合。

---

① 许义平：《从组织化到再组织化：宁波基层社会治理在变革》，《中国社会组织》2013年第1期，第46—48页。

第六章

结　　论

随着城乡劳动力转移严格管控时代的终结，以及社会主义市场经济制度的逐步建立完善，中国城乡社会福利开启并不断丰富着制度冲撞、整合的形式与路径。本研究通过"村改居"这一特有的城乡制度转型的典型与缩影管窥了这一进程，挖掘了福利制度一元整合的多重逻辑主体的博弈逻辑与机制，并从福利制度的组织结构中找到了福利制度进一步整合的依据与着力点。

透视案例社区的"村改居"进程中城乡社会福利制度的一元整合实践，本研究得出以下结论。

一　中国社会福利制度变革、特征内嵌于城乡二元制度的分割、整合路径

本研究把社会福利界定为一切有助于人的可行能力增长的项目、待遇、服务、制度或理念，视可行能力的增长为福利的本质。当前形势下，城乡社会福利深嵌于城乡二元社会结构之中，其实质是"籍"与"权"的媾和，并在事实上严重影响并作用着乡村居民可行能力的增长。中国城乡社会福利制度变革的成因、特征、路径，需要到城乡二元结构转型、变革中去寻找，二元社会结构构成了中国城乡福利制度分割形成、固化、发展、冲撞与整合全部理解

与说明。就此而言，中国的乡城结构转换、城镇化就不单单是城市学者所界定的"城特质"增加、"乡特质"减少或弱化那样简单了。"村改居"是中国基层生活共同体治理结构与治理体系的全面更新，其实质"籍""权"再整合，其趋向则是建构城乡一元整合的、有助于拓展城乡居民可行能力的具有一定普适性的、民主共享的社会福利制度体系。

政府往往通过规范"村改居"前提要件从而达到控制城乡福利制度的冲撞与整合进程的目的。2012年7月，山东省为规范迅速城镇化进程中"翻牌式"村改居问题，出台了《关于加强和改进城市社区居民委员会工作的意见》（鲁办发〔22〕号），明确撤村改居必须同时具备的四大基本要件：一是须在城市建设土地利用总体规划确定的边界以内；二是集体所有耕地已无法满足拟撤销行政村村民生产生活基本需求；三是非农产业已经成为主要产业形态，所辖区域内的劳动力2/3以上已经得到转移；四是已经完成了集体资产改制、债权债务处置妥当，产权关系明晰。意见明确"村改居"工作坚持的唯一基本原则是"先改制，后改居"。撤村改居的四个前提要件当中前三个要件是构成性要件，最后一个为程序性要件。意见要求，只有符合上述四大基本要件、条件成熟的村方可启动"村改居"法定程序。鲁办发〔22〕号文件严格了"村改居"构成性要件和程序性要件，强调程序性要件具有并不比构成性要件低的重要性，对当前形势下的"村改居"工作有比较清楚的认识。"村改居"是一个涉及"籍""权"脱嵌、城乡社会福利制度一元整合的复杂进程，为保证其不成为人为阻断城乡经济社会综合演进的连续谱，必须严格坚持基础条件约束和法定程序控制。因此，该文件的出台对推进山东省"村改居"工作的健康有序开展具有重要的政策保障意义。

党的十八届三中全会以来，城乡居民户籍统一登记制度全面落实,户籍制度改革逐步推向深入并有望取得新的突破,城乡居民一元化社会养老保险制度已经有了广泛的实践。但我们也注意到,资产改制依然成其为村居改制的关键,改制完成村民变市民之后,才可以享有相应的城市居民"权",依然没有突破"籍"与"权"的制度框架,是二元社会结构框架内的有限制度整合。为此,必须坚决按文件指示精神,遵照文件规定的构成性要件与程序性要件,避免出现村居改制和城乡社会福利制度整合的"半拉子工程"。要走出城乡二元结构思维定式,在户籍制度、土地管理制度、公共服务与社会保障制度、计划生育制度、基层自治组织治理制度、企业注册登记管理制度等方面出台一元化的法律、国家政策。考虑到既有的城乡结构性差异,有些方面的规定可以更原则一些,层次的设置可以多一些,保持适当的弹性和可持续性。唯其如此,方可有效避免城乡制度分割思维定式下引发新的"村改居"难题,确保村居变迁制度的有序整合。

二 多重逻辑主体博弈是城乡社会福利制度冲撞、博弈的生成机制

中国的现代化具有明显的后发型特征,这就决定了在经济社会发展过程中政府在很大程度上发挥着主导作用。在新中国成立之初,我们的制度设计理念是"重工轻农、重城轻乡"。所谓"重工轻农"是因为西方先行现代化国家无不是以工立国,工业化在某种程度上即等同于现代化,工业化发展程度直观地表征着现代化发展水平,在当时的意识形态当中具有广泛的市场和影响力。而当时外敌环伺、内忧外患不除,要保持新政权独立需要重工业强大的国防。而所谓的"重城轻乡",其实质仍是"重工轻农",这里的"重城"并不是指重视城市建设,而是因为工业多集中在城市,因此城乡制度设计上,比如就业用工制度、工伤医疗制度、退休制度

等方面更多地向城市企业倾斜。"重城轻乡，重工轻农"制度设计理念与户籍管理制度，农村人民公社制度、城市街居制度，粮油供应制度以及城乡差别的社会保障制度一起不但强化，并形成了城乡分割、自我封闭运行的制度体系。城乡分割是我们已经付出的制度性代价，引致了城乡差距过大、结构失衡等诸多难题。

改革开放以来，特别是20世纪90年代中期以来，国家力图通过培育健全的市场机制体制替代或者是中和再分配体制。但出于为国有企业改革配套的需要，国家率先在城镇逐步建立相对完善的养老、医疗、住房等社会保障体系。而后才开始在"广覆盖、保基本、可持续"的制度设计理念下有了农村养老保障和新农村合作医疗，保障的层次与保障的水平上与城镇还是有相当差距的。农村剩余劳动力的非农转移以及城市新移民问题使城乡制度分割问题显性化，并一再面临诘难——为什么同工不同酬、同城不能同待遇？是户籍制度使然抑或是单纯的公共服务与社会保障问题，是制度设计的设计者的初衷抑或是纯粹的财政支付难题？各地给出的方案也大多是头痛医头、脚痛医脚——城保、镇保、综保，不一而足。更有打着保护农民工利益的旗号呼吁为农民工单独立法的。至于村居改制这种整建制城乡转换的，就有更多的制度操作空间——治理制度上往往具有显著的过渡性，一如其居住生活样态上明显存在"中间性"。

案例社区的"村改居"包括"城中村"改造与集体资产改制、撤村改居前后相继的两个阶段。村居改制同时也是城乡社会福利制度多重逻辑主体充分博弈，福利制度体系多元冲撞、整合的过程。就"城中村"改造而言，潍坊的实践主要是政府出台大的工作方案，实行一村一策，权力下放。具体福利层面的冲撞与博弈主要在村落、村落与市场以及村落共同体内部展开，有一个弹性的时间规划。硬性的是两个"83"，也就是说政府制定了方案，除了土地利用的人均 83 平方米的小区建设用地、人均 83 平方米的生活保障用地之外,"城中村"项目的实现方式、实现方法政府原则上只是指导而不直接涉入,每一个村都可以有自己的具体方针和实施方案。"一村一策"也是后续集体资产改制、撤村改居的主要执行策略。应当指出,"城中村"改造项目也好,集体资产改制与撤村改居也罢,从来都不是一个单一社会治理项目或社会福利制度的机制变革。农村集体资产改制的影响、功能也绝不限于纯经济领域一隅,产权明晰、现代化管理的是西安在客观上有助于唤醒原生活共同体的认同感与归属感,并以股份经济合作社"按股分红、风险共担""股权内部流转"等原则强化了经济纽带。就目前来看,大多股份经济合作社还在事实上履行着部分社会管理职能——在农村集体资产改制时就该被剥离的原村委会职能。

集体资产改制的彻底性、"同城同待遇"以及"村改居"的民主性是最重要的"奎文经验"。在整个进程中,政府都十分精明地站住了政策主导一方,最大限度地置身于具体福利层面的急剧博弈之外。"一村一策"是"奎文经验"的重要实践原则。"一村一策"意味着一切从实际出发,因地制宜而不是整体推进;"一村一策"意味着充分尊重群众意愿,而以人为本不是"一刀切";"一村一策"还意味着按程序实施,操作有序而不是急功冒进。村居改制的"两个阶段,三个环节"工作中,奎文区要求必须坚持以全体村民大会、村民代表大会、全体党员会议、全体股东大会等形式,充分利用宣传栏、曝光台、明白纸等平台、样式,以会议宣传政策、入户落实政策、重点讲解说明等途径,以集体征集方案、单独收集意见等渠道,做到充分尊重群众意愿,充分考虑群众所需。

"一村一策"在村居改制过程中体现了对居民意愿、社区历史与现状的尊重,"村改居"社区居委会组织成员构成上、集体资产改制后成立的股份经济合作社的职能上的过渡性在某种程度上也是必然的。但正如孙立平教授担心的"转型陷阱"① 一样，村居改制进程中的"转型陷阱"也并不鲜见。这样的风险既有村居变迁实践中的由股份经济合作社组织低效带来的竞争力问题，又有股份经济合作社职能定位不清、承担了过多的社会管理职能问题。重要的是，这个风险尚不为参与者们所认知——因为增强了工作的便利性，社区居委会是乐见其成的；股份经济合作社管理人员及其股民也认为是理所应当的，在他们看来这就跟一家企业承担相应的员工管理职能是一样的，而没有认识到企业剥离社会管理职能早已成为传统且是自身组织效率的重要保证。

三 后集体经济时代的新建股份经济合作社面临福利功能发挥最大化难题

"村改居"是城乡社会福利制度的一个开放式终结，但不是城乡福利制度一元整合的终点。在这里，"村改居"不是简单的一种类型的基层自治组织对另一种类型的村民组织的组织更新，也不是城市既有的社会福利制度对乡村社会福利制度的简单兑换，更不是简单的一套人马、换个叫法的"换牌"游戏，其实质"籍"与"权"的脱嵌，是城乡社会福利制度的一元整合与社会福利组织的现代化。

集体资产改制后村民变股民，改制后成立的股份经济合作社股份平等、同股同利、利益共享、风险共担。股份经济合作社设股东代表大会、董事会、监事会，实行现代法人治理结构。董事会是股份经济合作社的常务决策机构和管理机构，以资产的保值增值为目

---

① 参见清华大学社会学系社会发展研究课题组、孙立平《"中等收入陷阱"还是"转型陷阱"？》，《开放时代》2012 年第 3 期。"转型陷阱"是过渡形态定型为常态制度，在发展的意义上有使经济社会发展陷入畸形化的风险。

标，以效益为中心，加强对资产的经营管理，确保资产保值增值。股份经济合作社董事会实行目标责任制，有明确的集体资产增值考核办法。经营者要在任期内按集体净资产的一定比例交纳一定数额的风险责任金，监事会每年末对集体净资产的保值增值情况进行考核。考核以上年度集体净资产为基准，实现增值（扣除非经营性资产增值部分）的，按实际增值额的一定比例给予奖励；造成减值的，按减值比例和责任大小相应扣减经营者一定数额的风险责任金。

然而，就案例社区而言，股份经济合作社的主要收入来源是租金与企业分红，缺乏绩效考核的有效激励机制。租金是社区改居前后最重要的收入来源。改居社区的居民自治组织是一个剥离了经济管理与经济服务职能，经济职能独立的群众性基层群众性自治组织。从理论上来说，原村落社会事务的管理职能与职权在"村改居"完成之后即被移交到新成立的改居社区居委会。新成立的社区居委会工作人员可以由原来的村"两委"成员临时兼任。从社区居委会的运作实践来看，这个过渡的时间并不长。过渡期结束之后，社区居委会全面负责社区居民各项社会事务的管理，社区工作人员与合作社之间不存在交叉。

股份经济合作社远还不是一个有效率的经济组织形式。无论是股金分红，抑或是现在的沿街商业房以及将来的高档商务楼租金收益，很大程度上都与新制度主义经济学的竞争约束和交易成本约束两大绩效评估机制不直接关联。更直白一点，股份经济合作社的预期收益与《股份经济合作社章程》规定的董事会的绩效激励机制、资产增值考核机制关系不大。如此一来，股份经济合作社建立的完善的法人治理结构、庞大的股东代表大会、董事会、监事会也仅仅具有一种现代企业管理制度的形式，最多算是一个披着现代企业外衣的"包租婆"。而这样的机构越是庞大，也就意味着公共性损耗越大，组织也就越低效。

客观而言，后集体经济时代的股份经济合作社拥有社区情感认同以及社区管理上的优势与便利。股份经济合作社的法人治理能够维持如此的结构与规模并未因效率问题引诸股民的大范围的质疑。这并非源自于股民对切身利益的漠视，而是他们在经济收益之外还获得了股份经济合作社额外的酬赏。或者说，股民们要求的远比经济收益更多，他们需要有一个组织可以承载原有生活共同体积淀的认同感与归属感，他们希望未来的社区建设与管理都要有自己的烙印，希望自己人管理自己的小区。显然，股份经济合作社能够承载这样的预期并有大社区管理体制无法比拟的便利。村改居安置小区内的住户多为原住居民，小区物业公司与股份经济合作社下设物业科进行约束与管理，社区网格管理员由原来的村民代表担任，他们熟悉社区的人和物，品质好、有人缘且认真负责。事实上，诸多社区管理事务，比如计划生育管理、育龄妇女体检、外来人口的登记与管理等社区居委会还会委托股份经济合作社协助完成。股份经济合作社更熟悉原村民的历史与生活实际，往往更有效率也更有利于问题的解决。

诚然，负载过多社会管理职能的股份经济合作社与现代企业制度的精神是不相符合的。无论如何，"村改居"的实质应该是治理体制的现代化与专门化，股份经济合作社因其历史继承性过渡性承载一定的社会管理职能情有可原，但股份经济合作社面临着新的后集体经济时代的福利功能最大化难题。

结　　语

　　本书成稿于2016年，初稿是笔者在山东大学社会保障与社会发展方向的博士论文，原稿题目是"城乡社会福利的一元演进研究"，旨在通过城乡社会福利的一元演进透视中国城乡社会不充分、不均衡的结构优化。自成稿以来，学界之于福利整合与城乡结构重构的关注日隆，城乡融合在中国更广泛的区域内开始付诸实践，对问题的复杂性有了更为深入的认知。习近平在党的十九大报告中，把"人民日益增长的美好生活需要和不平衡不充分的发展之间的矛盾"明确界定为新时代中国社会的主要矛盾。2019年，在党和国家积极推进乡村振兴战略背景下，《中共中央 国务院关于建立健全城乡融合发展体制机制和政策体系的意见》和国家发展改革委、中央农村工作领导小组办公室、农业农村部、公安部等十八部门联合印发的《国家城乡融合发展试验区改革方案》先后出台，中国城乡社会发展实践与探索从强调"分割"整体发展到"整合"为主阶段。

　　这与本书的研究旨趣、分析逻辑与思路具有高度的一致性。城乡二元"制度阀"效应正在弱化，但仍构成城乡福利可及性与城市新居民可行能力的障碍，不会自动消失。时空社会学、流动社会学等中国城乡融合主题研究新成果表明，城乡福利制度的一元整合实践仍是当下学界关注的核心议题，适切案例的场域分析，仍是有活力和有解释力的重要的、不可或缺的学术维度。本书主题放在今日仍是社会之关切，提出"制度阀"效应机制显性化问题，以及用"冲撞"生成性建构城乡福利制度瞬时博弈进程，视村居改制为一个开放式的节点，而不是福利制度一元终结的学术判断正在当前城乡融合实践中日益凸显其生命力和解释力。

城乡融合背景下，社会福利整合研究面临着进一步精确定义福利内涵、创新技术分析路线、生成性建构城乡福利整合逻辑与机制的新课题。着眼于城乡社会福利制度一体化与福利体系的普遍整合两种传统研究范式之外寻求解决方案，也就是从案例社区入手，于具体福利场域中生成性建构成为当下后现代福利社会学特别是空间社会学研究的旨趣。本书以"奎文模式"管窥城乡福利制度的一元整合，至少是在源头上暗合了这一日益宏大的学术潮流。对案例社区的长时段考察以时间为脉络，以村落边界的突破与村落及其居民可行能力的拓展为研究主线展开，透过案例社区从远郊村到近郊村，进而"城中村"直至完成村居改制，生成性刻画了中国城乡福利制度从"籍""权"媾和到多元逻辑主体博弈的机制建构。

社会福利制度变革、特征与演进走向内嵌于城乡二元制度的分割、整合路径。但本研究没有止步于传统意义上的"福利"或"保障制度"研究，而是借用了阿玛蒂亚·森博士的"可行能力"概念，把社会福利界定为一切有助于人的可行能力增长的项目、待遇、服务、制度或理念，视可行能力的增长为福利的本质，既是对福利社会学研究领域及其研究内容的有益拓展，又是对民生诉求多元化的一个理论回应。认为在"籍""权"媾和越来越成为城乡福利一元整合的桎梏，严重影响了村落及其居民可行能力的增长。本研究使用"制度阀"这一新概念，概括、表征并进一步凸显城乡二元制度在社会秩序维持、利益资源分配以及社会行为选择等方面的关键作用机制。在村落边界不断突破，村落及其居民可行能力提升的同时，城乡分割福利制度的桎梏作用日益突出，"制度阀"效应机制日益凸显。

值得注意的是，新建股份经济合作社作为村居改制主要解决策略之一，一般认为在后集体经济时代发挥了重要的经济和社会职能，起着为传统村社提供封闭性居民福利的作用。基于本研究的主旨，著述未及对新建股份经济合作社作继续发挥社区公共服务职能，以及改善组织效率发挥福利功能最大化难题作更进一步的跟踪分析。应当指出，作为问题解决方案的新建股份经济合作社在社区福利提供中扮演了怎样的角色，能否成为城乡社会福利整合的最终解决方案之一，甚至其自身有没有成为问题，经过了时间的积淀，已经成为一个优秀的研究选题，期待着更进一步的建设性研究。

参考文献

一　中文文献

［德］马克思、恩格斯：《马克思恩格斯选集》第 1 卷，人民出版社 1972 年版。

［美］R. 科斯、A. 阿尔钦、D. 诺斯等：《财产权利与制度变迁：产权学派与新制度学派译文集》，生活·读书·新知三联书店上海分店出版社 1991 年版。

［美］安德鲁·皮克林：《实践的冲撞：时间、力量与科学》，南京大学出版社 2004 年版。

［美］道格拉斯·诺斯、罗伯斯·托马斯：《西方世界的兴起》，厉以平、蔡磊译，华夏出版社 2009 年版，第 4 页。

［美］道格拉斯·诺斯：《经济史上的结构和变迁》，厉以平译，商务印书馆 1992 年版。

［美］道格拉斯·诺斯：《制度、制度变迁与经济绩效》，杭行译，格致出版社、上海人民出版社 2008 年版。

［美］道格拉斯·诺斯：《制度变迁理论纲要》，《改革》1995 年第 3 期。

［美］凯文·林奇：《城市的印象》，项秉仁译，中国建筑工业出版社 1990 年版。

［美］施坚雅：《中国农村的市场和社会结构》，史建云、徐秀丽译，中国社会科学出版社 1998 年版。

［美］张庭伟：《控制城市用地蔓延：一个全球的问题》，《城市规划》1999 年第 8 期。

［日］青木昌彦：《政府在东亚经济发展中的作用——比较制度分析》，中国经济出版社 1998 年版。

［印］阿马蒂亚斯·森：《以自由看待发展》，任赜、于真译，中国人民大学出版社 2012 年版。

［英］埃比尼泽·霍华德：《明日的田园城市》，金经元译，商务印书馆 2000 年版。

曹传柳、粘凌燕：《怎样才能实现真正意义上的"村改居"?》，《中国民政》2014 年第 2 期。

陈锡文、赵阳、陈剑波、罗丹：《中国农村制度变迁 60 年》，人民出版社 2009 年版。

陈燕鸣：《城市化进程中的村级资产改制与村居生活变迁》，《中共浙江省委党校学报》2005 年第 4 期。

陈映芳：《征地农民的市民化：上海市的调查》，《华东师范大学学报》（哲学社会科学版）2003 年第 3 期。

迟福林：《二次转型与改革战略》，学习出版社、海南出版社 2012 年版。

迟福林、傅治平：《转型中国：中国未来发展大走向》，人民出版社 2010 年版。

董克用：《关于"非正规部门就业—分散性就业"问题的研究》，《中国劳动》2000 年第 12 期。

董克用、孙博：《社会保障概念再思考》，《社会保障研究》2011 年第 5 期。

高鉴国：《中国农村公共物品提供的社区供给机制》，山东人民出版社2009年版。

辜胜阻：《二元城镇化战略及对策》，《人口研究》1991年第5期。

郭书田、刘纯彬：《失衡的中国》，河北人民出版社1990年版。

国务院发展研究中心课题组：《农民工市民化：制度创新与顶层政策设计》，中国发展出版社2011年版。

国务院发展研究中心课题组：《我国城镇化体制机制及若干政策建议》，《新华文摘》2008年第4期。

《国语·齐语》。

姜国栋：《潍坊市城市规划工作成绩突出》，《城市规划通讯》1998年第10期。

景天魁、毕云天、高和荣等：《当代中国社会福利思想与制度——从小福利迈向大福利》，中国社会出版社2011年版。

景天魁等：《普遍整合的福利体系》，中国社会科学出版社2014年版。

景天魁：《底线公平：和谐社会的基础》，北京师范大学出版社2009年版。

李培林：《村落的终结：羊城村的故事》，商务印书馆2004年版。

李培林：《当代中国城市化及其影响》，社会科学文献出版社2013年版。

李培林等：《当代中国民生》，社会科学文献出版社2010年版。

李培林：《社会改革与社会治理》，社会科学文献出版社2014年版。

李培林：《社会转型与中国经验》，中国社会科学出版社2013年版。

李强：《农民工与中国社会分层》，社会科学文献出版社2004年版。

李善峰：《20世纪的中国村落研究：一个以著作为线索的讨论》，《民俗研究》2004年第2期。

林聚任：《合村并居与农村社区化建设》，《人文杂志》2012年第1期。

林聚任、解玉喜、杨善民等:《一个北方村落的百年变迁》,社会科学文献出版社 2013 年版。

林聚任、马光川:《"城市新居民"市民化与"制度阀"效应:一个制度分析的视角》,《人文杂志》2015 年第 1 期。

林聚任、苏海玲:《城乡一元观》,《开放时代》2009 年第 8 期。

林聚任、王忠武:《论新型城乡关系的目标与新型城镇化的道路选择》,《山东社会科学》2012 年第 9 期。

林聚任:《乡镇企业改制与农村社会可持续发展研究》,山东大学出版社 2001 年版。

刘纯彬:《我国社会各种弊病的根子在哪里》,《中共山西省委党校学报》1988 年第 4 期。

刘纯彬:《走出二元—根本改变我国不合理城乡关系的唯一途径》,《农村经济问题》1988 年第 4 期。

陆学艺:《当代中国社会建设》,社会科学文献出版社 2013 年版。

陆学艺、李培林:《中国新时期社会发展报告(1991—1995)》,辽宁人民出版社 1997 年版。

陆学艺:《社会主义道路与中国农村现代化》,江西人民出版社 1994 年版。

陆学艺:《走出"城乡分治,一国两策"的困境》,《读书》2000 年第 5 期。

陆益龙:《户籍制度—控制与社会差别》,中国商务出版社 2003 年版。

路风:《中国单位体制的起源和形成》,《中国社会科学季刊》1993 年第 4 卷。

马光川、林聚任:《常人方法论与科学社会学研究传统的继承创新》,《科学与社会》2015 年第 1 期。

马光川、林聚任:《从社会重构到社区培育:农村治理现代化的制度逻辑》,《南通大学学报》(社会科学版)2015年第1期。

马光川、林聚任:《分割与整合:"村改居"的制度困境及未来》,《山东社会科学》2015年第9期。

马光川、林聚任:《新型城镇化背景下合村并居的困境与未来》,《学习与探索》2013年第10期。

马广奇:《制度变迁理论:评述与启示》,《生产力研究》2005年第7期。

马航:《深圳"城中村"改造的城市社会学视野分析》,《城市规划》2007年第1期。

毛丹:《J市农民为什么不愿做市民:城郊农民的安全经济学》,《社会学研究》2006年第6期。

闵学勤:《社区自治主体的二元区隔及其演化》,《社会学研究》2009年第1期。

泥安儒、林聚任:《社会调查研究方法纲要》,山东人民出版社2012年版。

清华大学社会学系社会发展研究课题组、孙立平:《"中等收入陷阱"还是"转型陷阱"?》,《开放时代》2012年第3期。

清华大学社会学系社会发展研究课题组:《走向社会重建之路》,《民主与科学》1989年第4期。

山东省潍坊市潍城区史志编纂委员会:《潍城区志》,齐鲁书社1993年版。

苏振兴:《拉美国家社会转型期的困惑》,中国社会科学出版社2010年版。

田毅鹏、漆思:《"单位社会"的终结——东北老工业基地"典型单位制"背景下的社区建设》,社会科学文献出版社2005年版。

田毅鹏:《社会原子化:理论谱系及其问题表达》,《天津社会科学》2010年第5期。

田毅鹏：《转型期中国城市社会管理之痛：以社会原子化为分析视角》，《探索与争鸣》2012年第12期。

田志梅：《"村改居"的新社区，怎样融入城市》，《社区》2009年第1期。

王春光：《城乡结构：中国社会转型的迟滞者》，《中国农业大学学报》（社会科学版）2007年第1期。

王春光：《对中国农村流动人口"半城市化"的实证分析》，《学习与探索》2009年第5期。

王春光：《农村流动人口的"半城市化"问题研究》，《社会学研究》2006年第5期。

王春光、孙晖：《中国城市化之路》，云南人民出版社1997年版。

王春光：《中国农村社会变迁》，云南人民出版社1996年版。

王梦奎、冯并、谢伏瞻：《中国特色城镇化道路》，中国发展出版社2004年版。

潍坊市地方史志办公室：《潍坊人居环境志》，方志出版社2014年版。

潍坊市地方史志编纂委员会：《潍坊市志》，中央文献出版社1995年版。

潍坊市统计局、国家统计局潍坊调查队：《潍坊统计年鉴——2013》2013年版。www.stats.gov.cn/tjsj/tjgb/rkpcgb/qgrkpcgb/202106/t20210628_1818826.html。

文军：《"被市民"及其问题：对城郊农民市民化的再反思》，《华东师范大学学报》（哲学社会科学版）2012年第4期。

文军、黄锐：《超越结构与行动：论农民市民化的困境及其出路——以上海郊区的调查为例》，《吉林大学社会科学学报》2011年第2期。

肖林：《"'社区'研究"与"社区研究"——近年来我国城市社区

研究综述》,《社会学研究》2011 年第 4 期。

谢立中：《结构—制度分析,还是过程—事件分析？——从多元话语分析的视角看》,《中国农业大学学报》（社会科学版）2007 年第 4 期。

徐晓斌：《山东单独二孩人口政策对经济社会的影响》,《改革与开放》2014 年第 16 期。

徐勇：《中国农村村民自治》,华中师范大学出版社 1997 年版。

许义平：《从组织化到再组织化：宁波基层社会治理在变革》,《中国社会组织》2013 年第 1 期。

阎云翔：《中国社会的个体化》,上海译文出版社 2012 年版。

昝龙亮：《潍坊市城市远景规划编制完成》,《城市规划通讯》1994 年第 8 期。

张乐天：《告别理想：人民公社制度研究》,上海人民出版社 2012 年版。

折晓叶、陈婴婴：《社区的实践："超级村庄"的发展历程》,浙江人民出版社 2000 年版。

郑秉文：《中国社会保险"碎片化制度"危害与"碎片化冲动"探源》,《甘肃社会科学》2009 年第 3 期。

郑功成：《社会保障学》,中国劳动社会保障出版社 2005 年版。

郑功成：《中国社会保障改革与发展战略：理念、目标与行动方案》,人民出版社 2008 年版.

郑功成主编《中国社会保障改革与发展战略（总论卷）》,人民出版社 2011 年版。

郑也夫：《信任论》,中国广播电视大学出版社 2001 年版。

周大鸣：《外来工与"二元社区：珠江三角洲的考察"》,《中山大学学报》2000 年第 2 期。

周其仁：《城乡中国》（上）,中信出版社 2013 年版。

周雪光、艾云:《多重逻辑下的制度变迁:一个分析框架》,《中国社会科学》2010年第4期。

周雪光:《运动型治理机制:中国国家治理的制度逻辑再思考》,《开放时代》2012年第9期。

二 英文文献

Bourdieu, Pierre. 1986. *The forms of capital*. J. G. Richardson (ed.). Handbook of Theory and Research for the Sociology of Education. NY: Greenwood Press.

Burt, Ronald. 1992. *Structural Holes: The Socil Structure of Competition*. Harvard University Press.

Chen, Juan. Perceived Discrimination and Subjective Well-being Among Rural-to-urban Migrants in China. *Journal of Sociology and Social Welfare*, 2013, No. 1.

Fukuyama. 1995. *Trust: The Social Virtues and the Creation of Prosperity*. New York: Free Press.

Giddens, Anthony. 1991. *The Consequesces of Modernity*. Cambridge Policy Press.

Ginsburg, N., Koppel, B., and Mc Gee, T. G. (Eds.) 1991. *The extended metropolis: Settlement transition in Asia*. Honolulu: University of Hawaii.

Human Development Report. 2009. *Overcoming barriers: Human mobility and development*. The Lowe – Martin Group.

Granovetter, M. 1973. *The strength of weak ties*. American Journal of Sociology, Vol. 78, No. 6.

Lewis, Arthur. *Economic Development with Unlimited Supplies of Labor*. Manchester School Studies (42). 1954. (2).

Lewis, Arthur. 1995. *The Theory of Economic Growth*. London: George Allen & Urwin.

Luhmann, Niklas. 1979. *Trust and Power*. John Wiley & Sons Ltd.

Lin, Nan. 2001. *Social Capital: A Theory of Social Structure and Action*. Cambridge University Press.

Marshall. 1950. *Citizenship and Social Class and Other Essays*. Cambridge University Press.

Nee, Victory. A Theory of Market Transition: From Redistribution to Markets in State Socialism. *American Sociological Review*, Vol. 54, No. 5.

Nee, Victory. Social Inequalities in Reforming State Socialist: Between Redistibution and Markets in China. *American Sociological Review* Vol. 56, No. 3.

Whyte, Martin. ed., 2010. *One Country, Two Societies: Rural-Urban Inequality in Contemporary China*. Cambridge, MA: Harvard University Press.

Whyte, Martin. ed., 2010. *Myth of the Social Volcano: Perceptions of Inequality and Distributive Injustice in Contemporary China*. Stanford University Press.

Mc Gee, T. 1991. The emergence of desakota regions in Asia: Expanding a hypothesis. In Moe, Richard. 1995 in Dwight Young, *Alternative to Sprawl*. Cambridge, MA: Lincoln Institute of Land Policy.

Northam. R. M. 1979. *Uban Geography*. New York: J. Wiley Sons.

Pickering, Andrew. 1995. *The Mangle of Practice: Time, Agency, and Science*. The University of Chicago Press Chicago and London.

Putnam, Robert. 2000. *Bowling Alone: The Collapse and Revival of American Community*. N. Y.: Simon & Schuster.

Zhang, Tingwei. 2008. Community Features and Urban Sprawl: the Case of the Chicago Metropolitan Region, *Land Use Policy*, (18).

Zhang, Tingwei. 2000. Land Market Forces and Government's Role in Sprawl: the Case of China, *Cities*, Vol. 17, No. 2.

Tönnies, Ferdinand. 2005. *Gemeinschaft und Gesellschaft: Grundbegriffe der reinen Soziologie.*

Yan, Juhua. Social Exclusion and Young Rural-urban Migrants' Integration Into a Host Society in China. *The ANNALS of the American Academy of Political and Social Science*. 2013, No. 1

附　　录

附录一　《中上虞河旧村拆迁安置办法》

附录二　《关于中上虞河社区部分区域的搬迁实施方案》

附录三　《中上虞河社区居委会（原中上虞河社区）集体资产经营管理体制改革工作实施细则》

附录四　《中上虞河社区居民委员会（原中上虞河社区）集体资产管理体制改革股东资格界定办法》

附录一

中上虞河旧村拆迁安置办法

中虞委发〔2004〕第 5 号

遵照上级指示精神和潍坊市城市规划要求,为改善全体村民的居住环境,建造一个高标准的中上虞河居民区,经中上虞河全体党员和村民代表大会讨论,吸收广大群众的合理化意见,经两委会反复研究,制定本办法。

第一条 被拆迁户安置楼房面积的依据及折算办法

1. 旧宅是平房的,按合法宅基地面积的70%折算安置面积。

2. 本办法实行以前,旧宅是2—3层楼的,按合法宅基地面积的90%折算安置面积。本办法实行以后,村民又改建或新建的楼房,其合法宅基地仍按70%折算安置面积。

第二条 旧房打价以潍坊地区现行价格为参考依据,结合我村的实际情况而制定。具体价格详见本办法附件二、附件三。

第三条 安置楼房共分四种价格,即安置价、照顾价、村民价、村民市场价,分别说明如下:

1. 安置价:所选楼房总面积中的安置面积按此价结算。

2. 照顾价:所选楼房面积超出安置面积1%至30%的部分按此价结算。

3. 村民价:所选楼房面积超出安置面积及照顾面积之和1%至20%的部分按此价结算。

4. 村民市场价:一个拆迁户所选楼房在二套以内的面积超出以上三种面积之和的部分按此价结算。一个拆迁户要三套(含三套)楼房以上的,总面积不得超过本条1至3款的面积之和。

以上四种价格详见本办法附件一。

第四条 所选楼房面积少于应安置面积和照顾面积之和的部分即少要楼房面积，其少要面积由村委按每平方米580元付给拆迁户。

第五条 凡是先搬入楼房后交旧房的户其具体规定如下

1. 在接收楼房钥匙前需按旧房折款总额的50%向村委交押金。待其交清楼款和旧房押金后方可交接楼房钥匙，并开列交接清单。

2. 自交接楼房钥匙之日起四十五天内将旧房移交村委，并开列旧房交接清单。凡按规定期限交旧房的，从交接之日起十日内退还押金。

3. 如不按规定期限交旧房，每拖延一天罚款50元，其罚款从押金中扣除或从村发各项福利金中扣除。

4. 凡按规定期限将旧房交付村委的，村委可按旧房面积（不含棚厦和户外建筑）每平方米20元发给补贴。凡超出规定期限交付的没有补贴。

5. 对拒不交付旧房的依法解决。

第六条 对自愿先交旧房后要楼房钥匙的免交押金，旧房（不含棚厦和户外建筑）由村委按每平方米20元发给补贴。

第七条 合同签订后，合同中由双方确认的房产（含户外建筑）及宅基地的所有权、使用权、处理权即归村委所有。拆迁户一定要保持打价时的房产原样（含门窗），不准自行拆卸，如在交接时发现自行拆卸，村委可按拆卸部分扣减旧房折款额。其扣减款从押金中扣留或从村发放各项福利金中扣留。

第八条 2002年以前被拆迁户在合法的宅基地范围以外擅自建设的房屋，属户外建筑，本应无偿拆除，但为了照顾到个人利益，村委可按每间房100至600元补贴被拆迁户，建筑物归村委所有。

第九条 分配楼房办法

1. 分区域报名：村委将验收合格的楼房栋数、总户数、各单元户的建筑面积数以及报名的区域范围书面通知应报名的村民，区域范围以内的被拆迁户按村委通知期限到村委报名。旧房产权不明确的，要分析明确之后再报名。

2. 分配楼房实行抓阄的办法

第十条 楼房与旧房折款以及其他补贴款项的结算：

1. 楼房折款总额多于旧房折款，其多出部分于交接楼房前一次结清。

2. 旧房款及补贴款总额多于楼房款总额，其多出部分待本次安置结束后一次结清。

本办法自二〇〇四年八月十八日起实行，同时，2002年3月16日印发的"中上虞河旧村改造安置办法（暂行规定）"和2002年5月28日印发的"关于旧村改造安置办法暂行规定的修订"终止使用。

本办法的解释权归村委房产办公室。

中上虞河村党总支、村委会
二〇〇四年九月一日

附录(一) 中上虞河住宅楼价格表

单位：元

楼层	安置价	照顾价	村民价	村民市场价	对外市场价
1	689	898	1357	1668	1828
2	757	986	1490	1728	1898
3	786	1024	1545	1828	2018
4	689	898	1357	1648	1818
5	592	771	1164	1428	1568
6	446	581	877	1278	1398
平均价	660	860	1298	1596	1755
地下室	400				
平屋	260			500	600

注：1. 凡是东西两山的户，每平方米降价10元。

2. 本价格包含水、电、暖、煤气、有线电视、电信六项配套。

3. "村民市场价"及"市场价"是2004年暂定价，随市场行情而变化。

4. "村民市场价"适用范围：卖给村民的楼和拆迁安置户安置楼房总面积超出"安置价"、"照顾价"、"村民价"三种面积之和的面积按该价格结算。

附录(二) 旧宅北屋每平方米价格表

单位：元

级别	主要结构	价格	调价及说明
1	砖混瓦面、有楼板、有外墙皮、门窗双裁口	580	无外墙皮减10元，门窗单裁口减10元，外墙贴瓷砖或马赛克按实贴面积每平方米30元
2	无楼板或平顶，其他方面同上	520	木制顶棚，秫秸顶棚以质论价，其他方面同上
3	里生外熟，瓦顶，有外墙皮	465	无外墙皮减10元
4	砖柱，瓦顶	410	
5	土木结构，草顶	360	

注：屋内墙瓷砖、澡盆、面盆、内装饰、供电线路、灯具、水暖、自来水设备、地面铺设等不计价。

附录(三) 旧村偏房及其他建筑物价格表

单位：元

级别名称	主要结构	单位	单价	调价说明
1	砖混瓦面，有楼板，有外墙皮	平方米	406	无外墙皮减7元
2	砖混瓦面或平顶，有外墙皮	平方米	364	无外墙皮减7元
3	里生外熟，瓦顶，有外墙皮	平方米	326	无外墙皮减4元
4	砖柱，瓦顶	平方米	287	
5	土木结构，草顶	平方米	252	
门楼	铁木门，瓦顶或砼平顶	座	500—1000	
院墙	砖混24墙	跑米	40—60	12墙折半计算
影壁墙	砖混，贴瓷砖，马赛克	座	200—300	

注：1. 表中没列到的建筑物以质论价。

2. 厕所中的粪坑、便具及卫生间中的澡盆、面盆、屋内及院中地面铺设等不计价。

附录二

关于中上虞河社区部分区域的搬迁实施方案

中虞委发（2005）第1号

各搬迁户：

依据中虞委发〔2004〕第5号，关于《中上虞河社区河旧村拆迁安置办法》的文件规定，经村两委会研究，全体党员大会、村民小组长、村民代表大会一致通过，同意这次搬迁实施方案的有关内容如下。

一、搬迁范围及时间

1. 范围：村委后大街以北，4号、5号楼以东约117户，文化路以西，民生东街规划路（未形成）以南约32户，共计149户。

2. 时间为2005年4月1日起至2005年5月31日止。

二、搬迁费

1. 搬迁费主要用于搬迁户租赁房屋等费用。

2. 搬迁费计算的起止时间，2005年4月1日前交付旧房的，按4月1日起计算搬迁费，4月1日后交付旧房的按实际交付日期计算，至应当接受楼房钥匙之日止（以村委领取楼房钥匙通知为准）。

3. 搬迁费数额的计算办法：平房按宅基地面积计算，楼房按宅基地面积加二层（含二层）以上的50%的建筑面积计算，每平方米一年90元付给搬迁户，不足一年的按天折算。

4. 搬迁费的结算时间：

第一次付一年的即签订搬迁合同后10日内付清一年的，第二次在交接楼房钥匙时结清余款。

三、奖惩

1. 奖励：2005年4月1日至2005年4月30日搬迁交旧房的户，按正房北屋间数，每间1000元，与第一次发放搬迁费同时付清；2005年5月1日至2005年5月31日交旧房的户不给予奖励。

2. 处罚：2005年5月31日后搬迁的户，每拖一个月搬迁扣全家一年的村民福利待遇（口粮补助、节日福利、退休金、残疾人补助金、住楼取暖费补贴及其他）。

四、搬迁要求

搬迁户从三月十六日开始到村委房产办公室报名，然后由村委组织专门班子随时测量打价，双方确认后，从四月一日开始办理旧房产交接，并签订搬迁合同。

五、楼层的分配办法

1. 为照顾老年人，家中有70周岁（包括70周岁）以上的老人，按年龄大小顺序优先进行选楼，一户只限选一层一户，如一层不够可选二层一户，如直接选二层以上的（包括二层）视为放弃优选权，可参加统一抓阄。

2. 为保证公平合理，只照顾70周岁以上的老人，其余实行顺序号抓阄的办法，一个号一次只选一个户进行正循环和倒循环的顺序进行选楼。

六、楼房结算办法

若你所选的楼房是两套（包括两套）以上，因资金不足，可先交足一套或两套楼房款进行回迁，其余村委预留，在预留期间内，其产权归村委所有，自交付第一套楼房钥匙之日起，按村委规定时间，将其预留楼房款结清，否则，村委有权另行处理，自应交付第一套楼房钥匙之日后，搬迁户不再享有搬迁费。

七、其他补偿

如同意按每亩100万元补偿的拆迁户，村委可将折价款（以宅基地面积为准）一次性付给拆迁户，今后该拆迁户所需要的楼房自行解决，同时，村委将免去该拆迁户全家今后的一切福利待遇。

八、村民市场价

2005年的村民市场价格暂定为2200元（平均价格），村民市场价格随市场行情而变动。

九、根据"城中村"改造进度情况，提前20天下发停水、停电通知。

本方案自2005年3月1日起实行。

中上虞河社区委
二〇〇五年二月二十八日

附录三

中上虞河社区居委会（原中上虞河村）集体资产经营管理体制改革工作实施细则

一、组建机构、宣传发动阶段（2010年9月15日—9月25日）

工作进度	工作任务	工作措施	完成时间	责任单位	相关存档材料及责任单位（人）
召开动员大会、建立领导机构和工作班子，制定《实施细则》和《改革方案》	1. 召开改革工作动员会	召开动员会，传达文件，部署任务	9月16日前	村党组织村委会	1. 动员会书面通知（各户、律师所） 2. 区文件、街道文件（区、街办改革工作领导小组办公室审） 3. 村领导动员讲话材料村书记讲话材料 4. 会议签到簿 5. 视频资料 6. 会议记录（纪要）

续表

工作进度	工作任务	工作措施	完成时间	责任单位	相关存档材料及责任单位（人）
	2. 村成立改革领导小组及工作班子	村成立改革领导小组办公室，并抽调专门人员组成咨询宣传组、清产核资组、人口清查组等，具体负责改革的组织领导、思想发动、全过程操作等	9月18日前	村党组织村委会	1. 村改革工作领导小组文件 2. 相应领导小组人员构成及职责（律师所、会计所等） 3. 相应工作制度 4. 相应纪律要求 5. 每次小组会议讨论的原始记录
	3. 制定《实施细则》、《改革工作方案》	根据区政府、街办文件精神和本村实际情况制定《实施细则》、《改革工作方案》	9月20日前	村改革工作领导小组办公室、律师所	1.《改革工作方案》（区改革工作领导小组审定） 2.《实施细则》（区改革工作领导小组审定）
宣传发动阶段	村宣传发动工作到位	召开村"两委"、党员和村民代表会议，根据本村改制宣传提纲进行宣传发动，统一思想，可通过入户发放宣传材料和征求村民意见，悬挂横幅，张贴标语口号等	9月20日前	村党组织、村委会	1. 村两委会议记录 2. 党员会议记录 3. 村民大会记录 4. 党员会、村民大会主持词、宣讲提纲材料（区改革领导小组、律师所）5. 各种会议上党员、干部群众所提意见、建议、疑问记同记录（律师所）6. 入户宣传材料 7. 征求村民意见反反馈回执 8. 村民意见分组汇总表 9. 党员会、村民（代表）大会的会议通知（村）10. 横幅及标语口号内容（区改革领导小组）

附　录　/　173

续表

工作进度	工作任务	工作措施	完成时间	责任单位	相关存档材料及责任单位（人）
培训骨干	村级培训	对村民讲解宣传发动、清产核资和人口清查等基本知识，使其能够熟练掌握具体工作方法、步骤和内容	9月20日前	村改革工作领导小组办公室	1. 村级培训资料（街办改革领导小组、律师所、会计所）2. 培训会议人员范围、培训记录（各村）3. 培训视频资料（各村）4. 培训分内容设置专题会议
确定审计评估基准日	1. 拟定审计、评估基准日	村改革领导小组初步研究拟定审计评估基准日	9月20日前	村党组织、村委会	1. 会议研究两个评估日的记录（各村、律师所）2. 筹备村民（代表）会议的记录 3. 提交村民（代表）会议的建议草案
	2. 召开村民（代表）会议通过民主程序决定：包括是否进行改革，审计评估基准日等		9月22日前	村党组织、村委会	1. 会议通知（村、律师所）2. 会议主持词 3. 会议、各村改革领导小组办公室、村民（代表）会议决议 4. 会议研究记录（各村、律师所）5. 会议决议 6. 视频资料
	3. 上报《改革工作申请》	村向街办提出改革申请	9月22日前	村改革工作领导小组办公室	上报《改革申请》文件（村、律师所）
	发布《第一号公告》	主要内容：公告改革决定、审计评估基准日	9月25日前	村党组织、村委会	1. 一号公告（村、律师所）2. 一号公告发布后收到的各类意见书面原件和汇总意见表（村、律师所）3. 对各类意见分类分析的会议记录（村、律师所、会计所）

二、开展清产核资、审计评估工作（9月25日—10月12日）

（一）开展集体资产清产核资工作

工作进度	工作任务	工作措施	完成时间	责任单位	相关存档材料及责任单位（人）
	1. 清产核资准备工作	制定清产核资工作计划，根据审计评估基准日结束期末账务	9月26日前	村党组织、村委会	1. 工作计划（村、会计所） 2. 相关会议记录
	2. 开展清产核资工作	清产核资工作小组根据分工按照《清产核资操作规程》的要求对现金、存款、固定资产、库存物资、债权债务等分别进行清理，对土地等资源性资产进行登记造册	9月28日前	村党组织、村委会	1. 按规定将各类专业账册存档（村、会计所）
	3. 填报清产核资明细表	调整账面数，分类编制清产核资明细表，将清产核资明细表上报街办	9月28日前	村党组织、村委会	1. 会计所、各村清产核资明细表制定 2. 上报街办的报告（村、律师所、会计所）

续表

工作进度	工作任务	工作措施	完成时间	责任单位	相关存档材料及责任单位（人）
（二）开展审计评估工作	1. 审计评估准备工作	聘请中介机构，召开进点会议，协调审计评估的有关事项，拟定审计评估计划	9月30日前	村党组织、村委会	1. 聘请中介机构的会议记录 2. 聘请的文件、报告 3. 进点会议记录 4. 协调相关事项记录 5. 审计评估计划书
	2. 审计评估	按照程序出具审计报告和评估报告	10月10日前	会计师事务所	1. 审计报告和评估报告（审计所、评估所） 2. 期间协调会议记录
	3. 确认审计报告和评估报告	将审计报告和评估报告提交村民代表会议确认，并呈报街办改革领导小组审查备案	10月12日前	村党组织、村委会	1. 党员村民代表会议记录和会议决议 2. 会议通知 3. 意见汇总及研究意见的会议记录 4. 上报街办审查的报告文件（村、律师所、会计所）
	4. 发布《第二号公告》	主要内容：公示审计和评估情况	10月12日前	村党组织、村委会	1.《二号公告》内容（村、律师所） 2. 意见汇总记录（村、律师所） 3. 意见分析研究记录（村、律师所）

三、确定股权制度，确认股东资格（10月12日—10月17日）

工作进度	工作任务	工作措施	完成时间	责任单位	相关存档材料及责任单位（人）
（一）确定股权制度	1. 确定股权制度	以"一刀切断"的方式界定和配置股权	10月14日前	村党组织、村委会、律师所（提供咨询）	1. 律师所制订股权制度（村、律师所）2. 相关会议记录 3. 会议通知
	2. 确定改制形式	确定设立股份经济合作社（有限公司）	10月14日前		
（二）确认股东资格	1. 开展人口清查登记	制定人口清查登记表，对在册人口进行清查、核实，分类进行登记	10月15日前	村党组织、村委会	1. 人口清查结果与户口分类 2. 现在待遇享受情况记录（村）
	2. 确定股东资格基准日、《股东资格认定办法》	村改革工作领导小组根据股东资格认定基准日和《股东资格认定办法》，初步拟定具有股东资格的人员名单并公示。召开村民代表会议通过《股东资格认定办法》和具有股东资格人员名单，上报街办审查	10月17日前	村党组织、村委会	1. 村改革工作小组会议记录（村、律师所）2. 制定股东资格认定办法 3. 出示股权享有名单（村）4. 党员、村民代表会议通知及回执 5. 会议主持 6. 会议研究主题内容（村、律师所）7. 征求意见记录 8. 三次汇总意见及会议研究记录 9. 上报街办的请示、报告等（村、律师所）10. 街办或区改革领导小组的批复意见、会议记录
	3. 发布《第三号公告》	主要内容：公布具有股东资格的人员名单	10月17日前	村党组织、村委会	1. 《三号公告》内容（村、律师所）2. 征求意见汇总表（村、律师所）3. 会议研究记录（村、律师所）

四、确定股份量化方案（10月17日—10月22日）

工作进度	工作任务	工作措施	完成时间	责任单位	相关存档材料及责任单位（人）
确定股份量化方案	1. 确定股份量化方案	拟定本村股份量化方案 村级改革工作领导小组根据本村清产核资、审计评估、资产处置、股东资格认定、资产折股、股权设置配置情况，初步确定股份量化比例，拟定股份量化方案，编制股份配置明细表，予以公布	10月20日前	村党组织、村委会、律师所	1. 量化方案文件（村、律师所） 2. 股权配置明细表（村、律师所） 3. 股权结构方案会议记录
	2. 上报股份量化方案	股份量化方案在征求村民意见的基础上修订后，提交街办审查、研究，组织成员大会进行表决通过。集体经济组织成员大会决议的集体经济组织成员人户征求意见	10月22日前	村党组织、村委会	1. 上报《股份量化方案》的文件（村、街办） 2. 街办专题会议记录（村、律师所、会计所、区改革工作领导小组列席） 3. 街办意见批复 4. 党员、集体经济组织成员会议通知 5. 会议记录 6. 会议主题内容 7. 主持词 8. 征求意见汇总、记录等材料

五、召开股东大会、成立股份经济合作社（有限公司）（10月22日—10月28日）

工作进度	工作任务	工作措施	完成时间	责任单位	相关存档材料及责任单位（人）
（一）制定《股份经济合作社（有限公司）》草程	1. 起草《章程》（意见稿）	起草《股份经济合作社（有限公司）章程》（征求意见稿）	10月24日前	村党组织、村委会、律师事务所	1.《章程》初稿（村、律师所） 2. 拟定《章程》的会议记录
	2. 下发《章程》	将《股份经济合作社（有限公司）章程》（征求意见稿）下发到集体经济组织成员，广泛征求意见，进行修改	10月25日前	村党组织、村委会	1. 征求意见信及回执（村、律师所） 2. 汇总意见 3. 修改会议记录 4.《章程》修改稿（草案）（村、律师所）
	3. 街办审核《章程》（草案）	将修改后的《股份经济合作社（有限公司）》章程（草案）上报街办审核	10月25日前	村改革工作领导小组办公室	1. 上报文件（村、律师所） 2. 审核会议记要
（二）筹备召开首届股东会议	1. 筹备召开首届股东大会	制作会议横幅、桌牌、签到簿，准备股东大会的主持词、筹备工作报告、《章程》（草案）、股东名册、理事、监事候选人名单、理事长就职演讲稿，股东代表讲话等材料	10月25日前	村党组织、村委会	1. 前面工作措施中所提到的所有资料存稿（区、街办、村改革工作领导小组、律师所）

续表

工作进度	工作任务	工作措施	完成时间	责任单位	相关存档材料及责任单位（人）
	2. 股份经济合作社成立大会	讨论通过《股份经济合作社（有限公司）章程》，成立董事会、监事会	10月26日前	村党组织、村委会	1. 工作报告（村、律师所）2.《章程》（村、律师所）3. 选票 4. 主持词 5. 演讲稿 6. 股东代表发言稿（村、律师所）7. 区领导讲话 8. 街办领导讲话 视频、照片 9. 会议记录
	3. 发布《第五号公告》	主要内容：公布理事会、监事会成员和理事长、监事会主席名单	10月28日前	村党组织、村委会	1.《第五号公告》内容（村、律师所）
（三）注册登记	按登记部门的要求提交股份经济合作社（有限公司）登记文件	提交登记申请表、章程、股东会决议、理事会决议、监事会决议等	10月28日前	村党组织、村委会、律师所	1. 注册申请复印件（律师所）2. 股份经济合作社（有限公司）章程四次会议的决议筹备会议材料（按会议方式筹备会议材料）（村、律师所）

六、总结经验,做好档案整理(10月28日—10月30日)

工作进度	工作任务	工作措施	完成时间	责任单位	相关存档材料及责任单位(人)
总结改革经验	总结改革经验,表彰先进集体及个人	认真做好工作总结,并上报改制工作总结。推荐表彰先进集体及个人等	10月30日前	党组织、村委会	1. 总结报告(村、律师所) 2. 表彰文件(村)
整理档案	建立档案	根据区改革领导小组办公室下发《档案目录》,进行档案整理	10月30日前	村改革领导小组办公室	1. 根据材料汇总情况拟定《档案目录》 2. 严格建立档案(纸制) 3. 建立电子档案(村、律师所),便于经验学习交流(主要材料)

附录四

中上虞河社区居民委员会
（原中上虞河村）集体资产管理体制改革
股东资格界定办法

中虞委发〔2010〕第 15 号

依据《中华人民共和国村民委员会组织法》、《中华人民共和国土地承包法》、鲁公发〔2008〕269 号文件精神，结合村规民约和本村村民福利待遇等实际情况，村改革工作领导小组制定本办法。

一、股东资格认定原则

"依据法律、尊重历史"是本社区集体资产管理体制改革固定资格认定的基本原则；拥有本村户籍并履行村民义务、享受村民待遇为本社区股东资格认定的基本依据基本依据。

二、股东资格认定基准日

股东资格基准日以 2010 年 9 月 30 日 24 时为准。

三、股东资格认定范围

1. 2010 年享受本村村民待遇的且截至 2010 年 9 月 30 日 24 时仍健在的，都应认定为股东。

2. 在校大学生、享受本村军人待遇的解放军、武警部队现役义务兵和符合国家有关规定的三级以下士官，均应认定为股东。

3. 上述范围之外的人员均不享有股东资格。

四、按本办法规定符合股东资格的人员，由村改革领导小组负责甄别统计、登记造册，并予以张榜公示。

五、对于公示的股东资格人员名单有异议的,应在公示之日起3日内向村改革领导小组提出由本人签名的书面异议,公示期内无异议的视为对名单认可。

六、村改革领导小组收到由本人签名的书面异议后按照本办法之规定进行核实。情况属实确认需更正的予以更正;提出的异议不符合本办法规定的,不予采纳;特殊情况提交村民代表大会审议表决。

中上虞河社区党总支(原中上虞河村党总支)
中上虞河社区居民委员会(原中上虞河村民委员会)
中上虞河社区农村集体资产经营管理体制改革领导小组
二〇一〇年九月十八日

后　　记

　　文成笔辍之际，百感交集。本书初稿是我山东大学社会保障专业社会保障与社会发展研究方向的博士论文，是一部福利社会学领域的研究成果。我要感谢我的博士生导师林聚任先生，能够成为先生的学生是我的幸运。他开阔的视野、渊博的学识、踏实的学风、醇厚的品格，皆为楷模，当得起后学晚辈发自内心的敬重。先生尚学重思，每每创造时机砥砺思想。入学以来，曾先后随先生参加了"东亚首届村落发展比较研究""农村社区化的历史、实践与前景"等国际国内大型学术研讨会，与李培林、陈光金、王春光、郝大海、赵万里、田毅鹏、文军等一流社会学大家近距离触摸社会学学术前沿，分享他们的学术感悟。先生于我等关爱甚笃。我虽生性愚钝，但幸在无知无畏，每苦思偶有所得，都反复与先生沟通、交流。我的师兄弟们也大都有这样的经历。一个时段内先生甚至纠缠于此而不得脱身，引诸了"再有几个我们一样的笨学生非得累死先生不可"的感叹。读博期间完成的《新型城镇化背景下合村并居的困境与未来》《从社会重构到社区培育：农村治理现代化的制度逻辑》《常人方法论与科学社会学研究传统的继承创新》等数篇论文，都是与先生反复砥砺的成果，先生的指点总能有醍醐灌顶之感。我还记得在一次论文讨论之后，发给先生的邮件中写下的感悟："其迷途实未远，觉今是而昨非"。正是有了这样沟通、砥砺，让我迷醉于先生的学术品格与人格魅力，我感到自己的成长。

我要感谢山东大学高鉴国教授、宋全成教授、马广海教授、程胜利教授、王忠武教授、李善峰研究员、孙晋海教授，感谢他们对论文的悉心指导。感谢高鉴国教授、宋全成教授、程胜利教授、吴愈晓教授、任丽新教授的传道、授业、解惑，课堂每一秒都是知识的沁润、学术的升华。我还要感谢葛忠明教授、杨善民教授，他们的帮助同样远远超出了本研究选题与写作本身。感谢李岩教授，他在研究开题报告会上的指导很有针对性，在很大程度上启发了我的思路。

特别感谢中国人民大学韩克庆教授、山东财经大学张红凤教授、中国社会科学院景天魁研究员、吉林大学田毅鹏教授、中国人民大学董克用教授对本研究的评阅与悉心指导。

感谢奎文区副区长刘棣俭先生，奎文区广文街办主任迟安斌先生、副主任康玉华、马成芳女士，广文街办于冬梅主任，中上虞河社区股份合作社董事长、原中上虞河社区支部书记村主任韩立昌先生，原中上虞河社区村支部副书记、副主任韩兴超先生，中上虞河社区股份合作社王建忠先生、李会芹女士和马华禄先生。其中马华禄先生是《中上虞河社区志》（编写中）的主要撰写者，他会同档案室管理员小马为研究提供了中上虞河社区发展的大量文献资料。潍坊市博物馆孙敬明教授、潍坊学院刘国生教授及其夫人——市史志办副主任王伟女士、潍坊学院图书馆王姬良教授丰富了著述不可或缺的文史资料。

我要感谢尹海立博士以及我们的师姐、师妹们。感谢我的师姐王鹏博士，刘翠霞博士及师弟顾理辉贤伉俪，师妹陆影博士、王文静博士、申丛丛博士，师妹马洁等的无私帮助与关怀。他们赋予了严谨、理性、平淡的博士生活以情感与色彩。感谢张世青博士、赵静博士、王雪蝶博士、宋新影博士对我学业和生活上的关心与帮助。感谢刘超博士、刘冰博士、吴晓东博士在日常生活中无微不至的关照,他们已经成为我最好的兄弟。我还要感谢好兄弟王炜、岳彩新、庄洁、解玉喜、牟立成,有他们在的地方就有家的感觉。

我要感谢身边最重要的一群人——马焕明教授、李启胜教授及吴春明教授等良师益友,他们的支持是我坚持的勇气之源。感谢于云汉教授、刘勇教授、秦瑞鸿教授、范成祥教授等学院领导对我工作的关照与学业上的支持。感谢王明德教授、王俊芳教授、于民教授、孙晶晶教授、宋晓芹教授、王峻老师、杜娟老师等志同道合者的关心、呵护与支持。特别感谢图书馆熊海燕老师的帮助和大力支持。

感谢中国社会科学出版社党旺旺老师,党老师和出版社编辑为本书出版付出了大量的努力。同时,感谢学校科研部门、财务部门在疫情防控期间提供的非同一般的支持和帮助。

最后,我要向我的家人致以衷心的谢意。感谢我的夫人夏光民女士,感谢她多年来的隐忍——迎接疲惫身影的不再是悉心的呵护与热腾腾的饭菜,家里说话也要受到无端的呵斥。我要感谢我懂事的女儿,正是她的勤勉自律才给了我心无旁骛可以做自己事情的机会。